sommaire

LEÇON

1

Je me présente…

COMPRENDRE

1 **Associez les phrases avec le sens qu'elles expriment.**

1 Je m'appelle Anne Duval.   •   • **a** parler de ses activités

2 Je suis infirmière dans un grand hôpital.   •   • **b** donner son adresse

3 J'ai 25 ans.   •   • **c** se présenter

4 J'habite à Montpellier, au 32 rue des dames.   •   • **d** parler de ses loisirs

5 Après le travail, je fais du sport et je m'occupe   •   • **e** donner son âge
   des courses, de la lessive et du ménage.

6 Le week-end, j'aime beaucoup aller au cinéma.   •   • **f** parler de sa profession

GRAMMAIRE

2 **À vous ! Posez des questions à Anne en utilisant *quel*, *quelle*, *quels* ou *quelles*.**

Exemple : – *Quel est votre nom ?*
                  – Je m'appelle Anne Duval.

1 – _____ ?
   – Je suis infirmière dans un grand hôpital.

2 – _____ ?
   – J'ai 25 ans.

3 – _____ ?
   – J'habite à Montpellier, au 32 rue des dames.

4 – _____ ?
   – Après le travail, je fais du sport et je m'occupe des courses, de la lessive et du ménage.

5 – _____ ?
   – Le week-end, j'aime beaucoup aller au cinéma.

COMPRENDRE

3 **Où pouvez-vous entendre les phrases suivantes ? Plusieurs réponses sont parfois possibles.**

1 Quel est votre nom ?   •   • **a** chez le médecin

2 Votre nom, c'est ?   •   • **b** à l'université

3 À quelle heure souhaitez-vous un rendez-vous ? •   • **c** en milieu professionnel

4 Tu t'appelles comment ?   •   • **d** entre amis

5 Tu as rendez-vous à quelle heure ?   •   • **e** entre lycéens ou étudiants

6 Pour aller chez toi, on prend quel train ?   •   • **f** en famille

CAHIER D'EXERCICES

MÉTHODE DE FRANÇAIS

REGENT'S
UNIVERSITY LONDON

Laure Hutchings

Nathalie Hirschsprung

Avec la participation de Véronique Kizirian

hachette
FRANÇAIS LANGUE ÉTRANGÈRE
www.hachettefle.fr

REPÉRAGE DES ACTIVITÉS

GRAMMAIRE	activités de grammaire
CONJUGAISON	activités de conjugaison
VOCABULAIRE	activités de vocabulaire
GRAPHIE/PHONIE	activités d'orthographe et de phonétique
COMPRENDRE	activités de compréhension d'un énoncé
ÉCRIRE	activités de production écrite et d'orthographe

Crédits photographiques
Sunset/First light : 18. **Hachette Filipacchi**/Prod. : 45. **Hoaqui**/P. Body : 69.

Coordination éditoriale : Vanessa Colnot
Illustrations : Pascal Gauffre
Recherche iconographique : Brigitte Hammond
Couverture : Encore lui !
Conception graphique : Anne-Danielle Naname
Mise en page : Médiamax

ISBN 978-2-01-155552-6

GRAMMAIRE 4 **Formel ou informel ? Reposez chaque question en changeant son style.**

Exemple : *question informelle :* C'est quoi ton prénom ?
→ *question formelle : Quel est ton prénom ?*

1 *question informelle :* C'est quoi ton adresse ?

→ *question formelle :* .... ?

2 *question formelle :* Comment vous appelez-vous ?

→ *question informelle :* .... ?

3 *question formelle :* Que faites-vous dans la vie ?

→ *question informelle :* .... ?

4 *question informelle :* Est-ce que vous avez pris vos papiers ?

→ *question formelle :* .... ?

5 *question informelle :* On fait quoi après ?

→ *question formelle :* .... ?

6 *question formelle :* Quels sont vos loisirs ?

→ *question informelle :* .... ?

GRAMMAIRE 5 **Mettez les mots dans l'ordre pour former une phrase interrogative.**

1 toi / est / tu / – / que / ton / as / ce / étudiant / ? / avec / numéro / d'

....

2 cours / quelles / activités / après / ? / sont / loisir / les / vos / de

....

3 ? / université / qu' / – / est / que / ce / l' / à / étudies / tu

....

4 plaît / où / ? / salles / s' / d' / se / département / cours / trouvent / il / vous / du / anglais / les / de

....

5 quels / inscription / ? / apporter / l' / documents / pour / – / faut / il

....

6 prends / ? / quel / le / fac / matin / pour / tu / la / à / train / aller

....

VOCABULAIRE 6 **Cochez ce qui vous est utile à l'université.**

1 ☐ une carte de visite

2 ☐ une carte d'étudiant

3 ☐ le nom du professeur

4 ☐ l'adresse du dentiste

5 ☐ le numéro de la salle

6 ☐ le programme des films

7 ☐ le programme des cours

8 ☐ un plan de la ville

9 ☐ un plan du campus

10 ☐ des photos d'identité

LEÇON **2** De mère en fille

COMPRENDRE **1** **Remplissez l'arbre généalogique de la famille décrite ci-dessous (des plus âgés, en haut, aux plus jeunes, en bas).**

La mère de Nicolas s'appelle Andrée et son père Paul. Ils ont eu trois enfants, donc Nicolas a deux frères, Guillaume et François. Il a aussi trois fils, Pierre, Jean et Louis. Guillaume, lui, a une fille, Sandra, et François a des jumeaux, Anne et Lou.

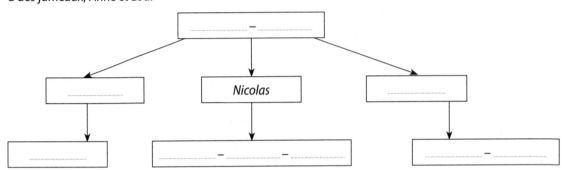

GRAMMAIRE **2** **Complétez avec *tout*, *tous*, *toute* ou *toutes*.**

1 J'adore la politique. Je regarde .... les émissions politiques à la télévision.

2 Ah bon ? Moi, je déteste .... ça.

3 Mais comment peut-on ignorer la politique ? C'est l'affaire de .... !

4 .... ma vie, j'ai entendu les hommes politiques dire des mensonges.

5 Ce n'est pas vrai ! Ils ne sont pas .... comme ça !

6 Ah non ? Eh bien moi, je ne les aime pas du .... !

VOCABULAIRE **3** **Trouvez les mots et complétez la grille.**

Le prochain .... (1) d'Yvan Attal va s'appeler *Les Sabines*.

L'.................. (2) principale sera sa femme, Charlotte Gainsbourg.

Mais Charlotte est aussi .... (3).

Le titre de son dernier .... (4) est *5.55*.

Il y a même des .... (5) en anglais.

GRAMMAIRE **4** **Vous avez décidé de mieux organiser votre vie de famille. Dites ce que chacun vient de faire.**

Exemple : moi – faire le ménage → *Je viens de faire le ménage.*

1 mes parents – faire les courses : ....

2 mon frère et moi – ranger la maison : ....

3 ma sœur – passer l'aspirateur : ....

4 toi – laver le chien : ....

5 toi et tes cousins – travailler dans le jardin : ....

GRAMMAIRE **5** **Vous êtes invité(e) à un anniversaire demain après-midi. Transformez les phrases au futur proche.**

1 J'achète un cadeau. ....

2 Mes parents font des gâteaux. ....

3 Tu apportes des disques. ....

4 Mario et moi préparons une surprise. ....

5 Vous, les copains, vous chantez une chanson d'anniversaire. ....

6 Véronique téléphone à tout le monde pour confirmer. ....

VOCABULAIRE **6** **Chassez l'intrus. Entourez le mot qui n'a pas le même sens que les autres.**

1 aimer – apprécier – détester – adorer

2 nul – super – merveilleux – génial

3 parfait – mauvais – excellent – idéal

4 magnifique – beau – superbe – laid

5 nouveau – récent – ancien – moderne

GRAPHIE/PHONIE **7** **Comment prononcez-vous les mots soulignés dans ces phrases ?**

1 La nuit <u>tous</u> les chats sont gris. [tu] ☐ [tus] ☐

2 Samedi dernier, ils sont <u>tous</u> venus. [tu] ☐ [tus] ☐

3 Non, je n'aime pas ça du <u>tout</u> ! [tu] ☐ [tut] ☐

4 D'accord, à <u>tout</u> à l'heure ! [tu] ☐ [tut] ☐

LEÇON 3 Blog

COMPRENDRE 1 **Chassez l'intrus. Cochez la ou les activité(s) que Pierre ne pratique pas.**

Pierre est un *grand* sportif. C'est un bon nageur, il joue au tennis et fait aussi partie d'une équipe de basket. Mais il aime *aussi* les arts ! Il prend des *cours* de violon et va souvent au théâtre. Ce qui ne l'empêche pas d'avoir une *vie* sociale bien remplie. En effet, il aime faire la fête, aller au restaurant avec des amis et rendre visite à sa *famille*.

☐ ☐ ☐ ☐ ☐ ☐ ☐

COMPRENDRE 2 **Associez les questions et les réponses.**

1 Vous aimez quoi comme musique ? •

2 Quelles sont vos activités de loisir ? •

3 Vous faites quoi dans la vie ? •

4 Vous êtes né au Canada ? •

5 Vous aimez les voyages, alors ? •

6 Pourquoi avez-vous vécu dans tant de pays ? •

• **a** Je vais souvent au cinéma et au restaurant avec des amis.

• **b** Parce que mon père est français, ma mère anglaise et ils travaillent en Espagne !

• **c** J'adore la soul mais je déteste le rap.

• **d** Je n'aime pas vraiment les voyages. Je préfère rester longtemps dans le même pays.

• **e** Pour le moment, je suis au lycée mais je vais bientôt entrer à la fac.

• **f** Oui, mais j'ai vécu en France, en Angleterre et aujourd'hui j'habite en Espagne.

GRAMMAIRE 3 **Complétez en fonction du sens avec *un peu, beaucoup, souvent, parfois* ou *jamais*.**

« Je ne suis pas un grand sportif : je fais _____ de marche à pied parce que c'est bon

pour la santé. Par contre, je lis _____, j'adore ça ! Je suis abonné à la bibliothèque

et j'y vais très _____. J'aime aussi le cinéma, mais je n'aime pas y aller tout seul.

_____, le samedi soir, des amis me proposent d'aller voir un film. Alors, j'y vais avec eux.

À part ça, j'ai horreur de faire la fête. Je ne vais _____ en discothèque. Voilà, c'est ma vie ! »

GRAMMAIRE 4 **Au, à, en, aux ? À vous de choisir ! Petit tour du monde de la gastronomie…**

1 _____ Bruxelles, les frites sont les meilleures du monde !

2 _____ Sénégal, le plat national est composé de poisson et de riz.

3 _____ Espagne, la paella est très bonne.

4 _____ Italie, les pâtes sont délicieuses.

5 _____ Burkina Faso, on mange des chenilles et, _____ France, des escargots !

6 _____ États-Unis, on a inventé le hamburger.

7 _____ Îles Fidji, le poisson est très fin.

8 _____ Pékin, la cuisine est originale.

VOCABULAIRE 5 **Trouvez les mots qui manquent et complétez le texte.**

@ http://www.monblog.fr

Accueil

Forum

FAQ

Recette pour bien te présenter sur ton blog.

D'abord, pour te présenter, il faut mettre ton _____, et indiquer quel _____ tu as. Ensuite, les gens aiment bien savoir d'où tu viens. Donc, tu mets ta _____, et tu indiques combien de _____ tu parles. Après, si tu veux te faire des amis, il faut avoir des points communs. Alors, indique tes _____ (ce que tu aimes, en général) et les _____ que tu pratiques (celles que tu fais régulièrement). Ajoute quelques photos, et voilà !

GRAMMAIRE 6 **Choisissez le pronom tonique qui convient : *moi, toi, elle, lui, nous, vous, eux*.**

_____, je vais bien. Ma petite sœur, _____, a été un peu malade au début des vacances. Par contre, mon frère, _____, est en pleine forme ! Nos parents, _____, sont un peu fatigués à cause de la chaleur. Ils n'ont pas beaucoup profité du soleil. Alors que mon frère et moi, _____, on était à la plage tout le temps ! Et _____, comment vas-tu ? Je sais que tu es à la montagne avec tes cousins. Alors, _____, les vacances, c'est comment ?

GRAPHIE/PHONIE 7 **Soulignez les liaisons.**

Exemple : *en‿avion*

Mon appartement est grand. La cuisine est équipée. La chambre est agréable et ensoleillée.

Il est au quatrième étage et l'immeuble est bien situé en ville. C'est une chance !

Une famille en or

COMPRENDRE 1 **Lisez l'article ci-dessous, puis cochez les bonnes réponses.**

Le Crocodile rouillé
ou l'histoire d'une famille nombreuse qui habite loin de chez elle

Auteur : Dominique Louise Pélegrin (journaliste)

Sortie : 1er août 2007

Ce livre est un premier roman plein d'humour. Le style de son auteur permet à chacun d'entre nous de penser à nouveau comme un enfant. *Le Crocodile rouillé* raconte les aventures d'une famille nombreuse, qui doit vivre loin de chez elle, dans un pays étranger qui se situe peut-être en Amérique latine. Les enfants se divisent en trois groupes : les « grands », de 15, 13 et 11 ans, les « jumeaux » que tous appellent Melchior et Balthazar, et les « petits », qui, bien sûr, ne sont pas sages du tout.

L'auteur nous entraîne dans les pensées des enfants : les jumeaux font beaucoup de bêtises, les grands rêvent de rencontrer des copains de leur âge et les petits inventent des amis imaginaires !

Et, pourtant, le père (surnommé « le crocodile ») et la mère (« Elastiss ») voudraient bien une famille calme et tranquille !

La première phrase du livre :

« Au début, leurs parents se sont montrés inquiets, à cause de la langue qu'on parle dans ce pays ».

Extrait :

– JE CONNAIS UN SECRET, DIT JEANNE À INÈS [...] Un secret que je ne t'ai jamais dit. Je te le dis, si tu jures de ne rien dire.

Ça commence mal. Comment ne pas se méfier d'un secret resté secret ? [...], les secrets les plus secrets se disent en premier, sinon comment saurait-on qu'ils sont particulièrement secrets ?

– Je suis sûre que tu te demandes où est Dieu ?

	Vrai	Faux	Cela n'est pas dit
1 *Le Crocodile rouillé* est un livre.	☐	☐	☐
2 C'est un roman triste.	☐	☐	☐
3 Il est écrit par un enfant.	☐	☐	☐
4 Le roman parle d'une famille nombreuse.	☐	☐	☐
5 La famille vit en Colombie.	☐	☐	☐
6 La famille est composée de neuf membres.	☐	☐	☐
7 Les parents aimeraient avoir une famille calme.	☐	☐	☐
8 Les grands cherchent des copains de leur âge.	☐	☐	☐
9 Les jumeaux font leurs devoirs.	☐	☐	☐
10 Les petits sont bien sages.	☐	☐	☐
11 Au début, les parents étaient préoccupés.	☐	☐	☐
12 Jeanne raconte un secret à Inès.	☐	☐	☐
13 Elle lui dit où est Dieu.	☐	☐	☐

ÉCRIRE

2 Demander des informations

Vous voulez en savoir plus sur ce livre avant de l'acheter. Vous connaissez un ami qui l'a lu. Écrivez-lui un e-mail pour lui demander son avis.

De :

À :

Objet : Le crocodile rouillé

ÉCRIRE

3 Présenter sa famille

En vous inspirant de l'article, présentez à votre tour votre famille de façon originale. Décrivez et caractérisez ses membres.

LEÇON

5

Parisiens, qui êtes-vous ?

COMPRENDRE

1 **Dites-le autrement. Associez les questions de sens identique.**

1 Quel est votre nom ?

2 Qu'est-ce que vous faites dans la vie ?

3 Vous avez des activités ?

4 Vous habitez où ?

• **a** Quelle est votre profession ?

• **b** Qu'est-ce que vous aimez faire ?

• **c** Quelle est votre adresse ?

• **d** Vous vous appelez comment ?

• **e** Où est-ce que vous habitez ?

• **f** Vous travaillez dans quoi ?

• **g** Quels sont vos loisirs ?

• **h** Votre nom, c'est ?

GRAMMAIRE

2 **Faites des phrases comme dans l'exemple. Utilisez *qui* ou *que*.**

Exemple : Emmanuel – les voisins l'appellent Manu – il est né à Nîmes – il a découvert Paris à treize ans.
→ *Emmanuel, c'est un garçon **que** les voisins appellent Manu, **qui** est né à Nîmes et **qui** a découvert Paris à treize ans.*

1 Malik – il va à l'université – les études l'intéressent – il travaille avec son père au garage le week-end.

....

2 Lucie – je la connais bien – elle fait de la danse avec ma sœur – elle habite au-dessus de chez moi.

....

3 Manon – elle a 29 ans – elle travaille dans la restauration – elle aimerait ouvrir son propre restaurant.

....

4 Nicolas – je le rencontre le matin quand je pars travailler – il adore le jazz – il est divorcé.

....

5 Tania – elle est photographe – je la trouve très sympa – elle loue un studio au coin de la rue.

....

6 Abdel – il est algérien – il est nouveau à l'école – je l'aime bien.

....

COMPRENDRE 3 **Remplacez l'élément souligné par *celui-ci*, *celle-ci*, *ceux-ci* ou *celles-ci*.**

1 Le boulanger a deux enfants, une fille et un <u>garçon</u>. .... travaille avec son père, au magasin.

2 Stéphane travaille mais <u>ses copains</u> sont étudiants. .... se retrouvent tous les matins à la fac.

3 J'ai trouvé <u>de jolies cartes postales</u> de Montmartre : sur .... , il y a la place du Tertre et la basilique du Sacré-Cœur.

4 Je crois que <u>ta sœur</u> vit près de chez moi. .... habite rue de Vaugirard, n'est-ce pas ?

5 Il a acheté <u>un appartement</u> à Belleville mais .... est en travaux jusqu'à l'année prochaine.

6 Cédric s'est marié avec <u>une Espagnole</u>. Il est allé à Madrid pour rencontrer la famille de ....

COMPRENDRE 4 **Trouvez les questions.**

1 – .... ?

– Malo, Malo Declas.

2 – .... ?

– Oui, une petite sœur qui a douze ans et un grand frère qui a trente-deux ans.

3 – .... ?

– En Guyane mais, avant, j'habitais à Nogent-sur-Marne.

4 – .... ?

– Mon père oui, mais ma mère est au chômage.

5 – .... ?

– Moi ? Je suis assistant dans une petite entreprise à Cayenne.

6 – .... ?

– Le tennis, le football… tous les sports en général. J'aime aussi faire de la photo.

GRAPHIE/PHONIE 5 **Complétez avec *ce*, *se* ou *ceux*.**

1 Je partirai avec .... sac. Je ne prendrai pas trop de vêtements, j'emporterai ....

qui .... lavent facilement.

2 .... quartier .... vide de .... qui y sont nés.

3 Il fait .... qu'il veut, il .... lève quand il veut et il n'écoute pas ....
qui lui donnent des conseils !

4 .... monde appartient à .... qui .... lèvent tôt !

VOCABULAIRE 6 **Trouvez les mots et complétez la grille.**

Il y a en moyenne deux millions d'............................ (1) à Paris. Le .... (2) des appartements parisiens est souvent cher. Alors, il y a des personnes qui préfèrent vivre en .... (3), à l'extérieur de la ville. Les gens qui veulent rester à Paris mais qui n'ont pas beaucoup d'argent habitent parfois dans un petit appartement d'une seule pièce, qu'on appelle un .... (4). Quand des touristes étrangers découvrent la ville, Montmartre est en général un .... (5) qu'ils aiment.

 # Question de mode

COMPRENDRE 1 **Trouvez les questions du journaliste.**

1 – _____ ?

– Assez classique : je préfère les couleurs sombres et les vêtements simples, c'est facile à porter.

2 – _____ ?

– En général, dans une petite boutique près de chez moi.

3 – _____ ?

– C'est difficile à dire… Peut-être cent euros par mois, en moyenne ?

4 – _____ ?

– Mon mari ? Ah oui, il s'intéresse beaucoup à la mode. Il est très branché, vous savez !

5 – _____ ?

– J'adore ! J'ai une petite fleur, sur le bras. Si vous voulez, je vous montre !

GRAMMAIRE 2 **Mettez les mots dans l'ordre pour former des phrases.**

1 une – vacances – vieille – au – ont – bord – loué – de – maison – la – grandes – mer – les – ils – pour

_____

2 ira – ai – avec – j' – jupe – qui – ma – acheté – rouge – pull – un – joli – bien

_____

3 petit – quartier – elle – dans – appartement – habite – un – le – chinois

_____

4 Émilie – a – le – bras – m' – montré – tatouage – elle – qu' – a – le – sur – gauche – beau

_____

5 chapeaux – des – je – un – jeune – connais – qui – élégants – commerçant – vend

_____

VOCABULAIRE 3 **Quel est leur style ? Associez les phrases suivantes à un style vestimentaire.**

1 Il mélange les styles et les couleurs pour affirmer son originalité. •   • classique

2 Il préfère porter des vêtements discrets.   •

3 C'est une fille dynamique qui porte des jeans et des T-shirts.   •   • branché

4 Elle adore la mode et choisit toujours des vêtements récents.   •

5 Il aime les vêtements pratiques parce qu'il fait beaucoup de sport. •   • sportif

GRAMMAIRE **4** Utilisez *celui/celle(s)/ceux que* ou *celui/celle(s)/ceux qui* et répondez négativement aux questions suivantes comme dans l'exemple.

Exemple : – Vous voulez essayer ces baskets ?
→ – *Non, ce ne sont pas celles que je veux essayer.*

1 – Vous prenez ces vêtements ? – ....

2 – Vous aimez cette chemise ? – ....

3 – Ce pantalon vous intéresse ? – ....

4 – Vous cherchez cette jupe ? – ....

5 – Vous préférez ces chaussures ? – ....

VOCABULAIRE **5** Présentez les personnages suivants (physique, vêtements et style).

1 *Celui qui porte des baskets est étudiant.* ....

....

....

2 *Celle qui a les cheveux blonds s'appelle Éva.* ....

....

....

3 *Celle qui porte un dossier a trente-sept ans.* ....

....

....

1

2

3

LEÇON
7

Une minute pour un projet

COMPRENDRE **1** **Où pouvez-vous entendre les phrases suivantes ? Associez.**

1 Pourriez-vous, s'il vous plaît, me donner les horaires
de train pour La Rochelle ?
•

2 Nous voudrions deux billets pour *Phèdre*, s'il vous plaît. •

3 Il me faudrait une chambre pour deux personnes,
avec air conditionné.
•

4 Nous aimerions des renseignements sur les musées
ouverts le dimanche.
•

5 J'aimerais un thé. Merci.
•

6 Je voudrais le plat du jour : du poisson
avec des pommes de terre.
•

• **a** à l'Office de tourisme

• **b** à la gare

• **c** à l'hôtel

• **d** au restaurant

• **e** dans un café

• **f** au théâtre

GRAMMAIRE **2** **Conjuguez les verbes suivants dans l'ordre au conditionnel présent :** *aimer –*
avoir – souhaiter – vouloir – connaître – adorer – devoir – aimer – pouvoir.

⊖ ○ ○

Supprimer   Indésirable   Répondre   Rép. à tous   Réexpédier   Imprimer

De : nina.dutac@wanadoo.fr
À : paola.macia@yahoo.com
Objet : voyage au Chili

Bonjour Paola,

Je t'écris parce que Loïc et moi, nous .... partir un mois en vacances au

Chili et nous préparons notre voyage. Avant notre départ, est-ce que tu ....

des idées sur les lieux à visiter et ceux à éviter ? Nous .... passer

quelques jours à Santiago mais nous ne .... pas dépenser trop d'argent :

est-ce que tu .... un hôtel pas cher dans le centre-ville ? Stéphane aussi

.... découvrir l'île de Pâques. À ton avis, on .... y aller

en avion ou en bateau ? Et puis, j'............................... bien sûr rencontrer ta famille !

...............................-tu me dire si tu seras là-bas cet été ?

À bientôt,

Nina

GRAMMAIRE

3 À l'aide des dessins, faites une phrase qui exprime le souhait comme dans l'exemple.

Exemple : → *il aimerait visiter l'Italie à vélo.*

1 ....

2 ....

3 ....

4 ....

Et vous, quels sont vos désirs ou vos projets ?

....

....

VOCABULAIRE

4 Trouvez les mots et complétez la grille.

a Quelle .... (1) de France avez-vous visitée ? La Bretagne ou la Normandie ?

b Cette radio est sympa : les auditeurs peuvent téléphoner pour demander une .... (2).

c Si je ne suis pas là, laisse un .... (3) sur le .... (4) ou appelle-moi sur mon téléphone portable.

d Il travaille dans une .... (5) qui aide les jeunes au chômage à trouver du travail.

```
1  ☐☐☐☐☐☐
2  ☐☐☐☐☐☐
3  ☐☐☐☐☐☐
4  ☐☐☐☐☐☐☐
5  ☐☐☐☐☐☐☐☐
```

GRAMMAIRE

5 Complétez avec *lequel, laquelle, lesquels* ou *lesquelles*.

1 Je voudrais acheter une carte postale mais je ne sais pas .... prendre, elles sont toutes jolies !

2 Y a-t-il beaucoup de jeunes dynamiques dans votre classe ? .... ont déjà réalisé un projet ?

3 Je veux bien réserver pour le train mais il faudrait me dire .... on prend ! Celui de 7 h 45 ?

4 Marie a invité ses amies guyanaises à son mariage mais elle ne sait pas .... pourront venir.

LEÇON **8** Les ados

COMPRENDRE **1** **Lisez la lettre ci-dessous, puis cochez les bonnes réponses.**

> *Salut Bruno !*
>
> *Comment vas-tu ?*
>
> *Je viens d'arriver à Montpellier, dans le sud de la France, pour entrer à l'université. C'est une ville très agréable avec beaucoup d'étudiants étrangers. Voici une photo de mes nouveaux amis ici. En bas, c'est Thierno. Il est ivoirien et il étudie le journalisme avec moi à la fac. Mais sa vraie passion, c'est la musique techno. Il va souvent danser en boîte jusqu'à trois heures du matin et il n'est jamais fatigué ! Tous les après-midi, il travaille comme vendeur dans un magasin de vêtements pour payer son loyer mais il dépense tout son argent dans les CD, bien sûr ! La personne qui est à gauche s'appelle Sarah et elle a vingt-quatre ans. Depuis qu'elle est ado, sa préoccupation, c'est la pauvreté dans le monde. Elle a voyagé en Inde l'été dernier et, maintenant, elle voudrait créer une association pour aider les enfants des rues, là-bas. Elle vient de présenter son projet au ministère de la Jeunesse pour toucher une aide financière et elle attend une réponse. Et puis, à droite, c'est Marco, l'artiste du groupe ! Il a une forte personnalité, peut-être parce qu'il est italien ! Il voudrait arrêter l'école des beaux-arts parce qu'il s'ennuie en cours. Il passe des heures à peindre dans sa chambre et rêve d'organiser une grande journée pour montrer ses tableaux à tout le quartier. Je suis sûre qu'un jour, il sera célèbre.*
>
> *Et toi ? Qu'est-ce que tu fais en ce moment ? As-tu de nouveaux amis ? Et que penses-tu de mes copains et de leurs projets ? Raconte-moi tout !*
>
> *À bientôt.*
>
> *Bises,*

	Vrai	Faux	Cela n'est pas dit
1 Valérie est née à Montpellier.	☐	☐	☐
2 Elle fait des études de journalisme à l'université.	☐	☐	☐
3 Il y a peu de ressortissants étrangers à Montpellier.	☐	☐	☐
4 Thierno est journaliste pour un magazine de mode.	☐	☐	☐
5 Il utilise son argent pour acheter des CD.	☐	☐	☐
6 Sarah s'inquiète pour les enfants pauvres.	☐	☐	☐
7 Le ministère de la Jeunesse va aider Sarah à réaliser son projet.	☐	☐	☐
8 Marco est une personne discrète.	☐	☐	☐
9 Il n'a pas terminé ses études.	☐	☐	☐
10 Quand Marco ne peint pas, il travaille dans un restaurant.	☐	☐	☐
11 Valérie croit que Marco va réussir dans la vie.	☐	☐	☐

2 Réponse

Écrivez la lettre de réponse de Bruno. Celui-ci raconte ses activités, fait la description de deux personnes qu'il a rencontrées et donne son opinion sur les projets des amis de Valérie.

....

....

....

....

....

3 Petite annonce

Il vous faut de l'argent pour réaliser un projet. Vous avez lu dans le journal la petite annonce ci-contre et vous décidez de répondre. Écrivez un e-mail à la fondation A-Venir.

AIDE À PROJET

FONDATION A-VENIR

Vous avez entre 18 et 25 ans et vous avez un projet original ? Écrivez-nous ! Chaque année, la fondation A-Venir propose à cinq jeunes une aide financière pour réaliser leur projet. Dites-nous qui vous êtes, ce que vous aimez dans la vie et quel est votre projet… et peut-être serez-vous le prochain à gagner 1 500 euros !

Supprimer · Indésirable · Répondre · Rép. à tous · Réexpédier · Imprimer

De :
À : a-venir@libertysurf.fr
Objet : demande d'aide financière

C'est bien, chez vous !

LEÇON
9

Le logement idéal

COMPRENDRE 1 **Les phrases suivantes expriment-elles un besoin ou un souhait ? Cochez la bonne case.**

	Besoin	Souhait
1 Il me faudrait un fauteuil supplémentaire dans le salon.	☐	☐
2 J'aimerais bien peindre les murs de ma chambre en bleu.	☐	☐
3 Vous avez vraiment besoin de changer de logement. Celui-ci est trop petit.	☐	☐
4 Ils voudraient avoir une piscine dans leur jardin.	☐	☐
5 Dans cinq ans, j'espère bien que j'aurai mon propre appartement.	☐	☐

COMPRENDRE 2 **Associez les questions et les réponses.**

1 Vous êtes nouveau dans le quartier ? •

2 Et vous êtes satisfait de votre logement ? •

3 Je suis bien d'accord. Moi avant, j'habitais dans un studio vraiment sombre où je déprimais ! Et vos voisins, ils sont comment ? •

4 Quelle chance ! C'est parce qu'il est récent, n'est-ce pas ? •

5 Clair et calme… Mais dites-moi, c'est le logement idéal que vous avez ? •

• a Très discrets. Mais bon, c'est aussi l'isolation qui est bonne dans cet appartement.

• b Oh oui ! Je suis très content. Il n'est pas très spacieux mais il est clair. Et ça, pour moi, c'est indispensable !

• c C'est vrai, il est très bien. Le seul inconvénient, c'est qu'il n'y a pas de terrasse. Mais bon, c'est un espace dont je n'ai pas absolument besoin, alors…

• d Oui, je viens d'arriver. Je loue un appartement dans la rue, à côté du garage.

• e Non, il est ancien. Mais le propriétaire a fait des travaux importants à l'intérieur.

GRAMMAIRE 3 **Faites des phrases comme dans l'exemple. Utilisez *dont* ou bien *où*.**

Exemple : Je suis locataire d'un studio. Il est situé dans un quartier bruyant.
→ *Le studio **dont** je suis locataire est situé dans un quartier bruyant.*

1 Ils vont faire des travaux dans une pièce. Celle-ci sera plus grande.

La pièce _____

2 Elles passent l'été dans un endroit. Cet endroit est très à la mode.

L'endroit ....

3 Vous avez besoin des clés. Elles sont sur le bureau.

Les clés ....

4 J'ai envie d'un ordinateur. Celui-ci coûte très cher.

L'ordinateur ....

5 Nous vivons dans un immeuble. Il est à côté d'un cinéma.

L'immeuble ....

GRAMMAIRE

4 Associez le début et la fin de chaque phrase.

1 Vous habitez dans un quartier où…   •   • **a** il y a beaucoup de commerçants.

2 Vous habitez dans un quartier que…   •   • **b** les loyers sont très chers.

3 Vous habitez dans un quartier dont…   •   • **c** est très branché.

4 Vous habitez dans un quartier qui…   •   • **d** je connais bien.

5 Elle me présente un jeune homme qui…   •   • **e** elle a rencontré hier soir.

6 Elle me présente le jeune homme dont…   •   • **f** habite au-dessus de chez elle.

7 Elle me présente le jeune homme qu'…   •   • **g** elle est amoureuse.

8 Ils sont propriétaires d'une vieille maison où… •   • **h** je t'ai montré la photo.

9 Ils sont propriétaires d'une vieille maison qui… •   • **i** aurait besoin de travaux.

10 Ils sont propriétaires de la vieille maison dont…•   • **j** ils accueillent leurs amis le week-end.

VOCABULAIRE

5 Donnez le contraire des phrases suivantes.

1 Le jardin est assez petit.   ≠ ....

2 Cet endroit est loin de tout.   ≠ ....

3 L'hôtel est très calme.   ≠ ....

4 C'est un logement ancien.   ≠ ....

5 Le salon est clair.   ≠ ....

GRAPHIE/PHONIE

6 Complétez les phrases suivantes avec *ou* ou bien *où*.

1 Le studio .... je vais habiter est immense, il fait 42 m² de surface mais je ne sais pas .... je vais mettre mon lit.

2 C'est simple pour trouver un logement : .... tu lis les journaux, ... tu fais appel aux agences. Tu peux aussi consulter Internet .... on trouve beaucoup d'annonces.

3 Tu pourrais regarder dans le grand sac bleu .... j'ai mis tous les outils et m'apporter le marteau pendant que je tiens cette étagère ?

4 .... veux-tu qu'on aille maintenant, on est complètement perdus dans cette ville .... tout a changé .... et on ne reconnaît rien !

5 .... penses-tu habiter prochainement, à Paris .... en banlieue ?

LEÇON
10 À bicyclette

VOCABULAIRE

1 **Entourez les huit mots cachés dans la grille (horizontalement → et verticalement ↓).**

D	E	T	U	T	A	R	O	N	Y	A	K	T	C
E	A	N	T	R	A	M	W	A	Y	U	I	S	V
P	V	A	I	A	Y	H	U	C	V	I	N	A	O
L	I	D	Q	N	R	V	Y	B	R	P	P	U	L
A	Q	T	Q	S	N	O	B	N	I	M	L	T	T
C	T	G	E	P	I	I	P	M	E	T	R	O	I
E	V	S	T	O	L	T	O	J	A	Z	P	B	C
M	O	C	I	R	C	U	L	E	R	R	A	U	A
E	P	M	L	T	E	R	E	L	Q	T	M	S	D
N	R	P	M	S	A	E	Y	O	U	D	P	K	W
T	I	U	A	T	B	N	R	S	Y	A	U	L	I
H	L	A	V	E	H	I	C	U	L	E	T	A	C

GRAMMAIRE

2 **Quel logement choisir ?**

Bruno aide une amie à trouver un logement. Il a visité un appartement et une maison. Lisez ses notes, puis complétez le message qu'il laisse à son amie avec *plus… que, …que, moins, mieux… que, aussi* ou *plus*.

La maison à Levallois est _____ spacieuse _____ l'appartement de la rue du Départ et elle

est aussi _____ claire. Mais l'appartement est _____ situé _____ la maison : il est dans

le centre, à côté de la gare. Le quartier est donc _____ bruyant. L'appartement est _____

confortable _____ la maison mais il coûte _____ cher.

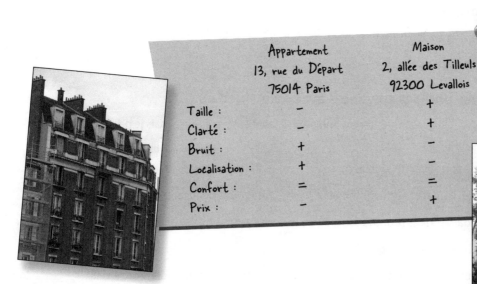

	Appartement 13, rue du Départ 75014 Paris	Maison 2, allée des Tilleuls 92300 Levallois
Taille :	–	+
Clarté :	–	+
Bruit :	+	–
Localisation :	+	–
Confort :	=	=
Prix :	–	+

3 À l'aide des dessins, faites des comparaisons.

Exemple : *Il y a **moins** de monde dans le musée que dans la discothèque. Un musée est un endroit **plus** calme qu'une discothèque.*

1 ....

....

....

2 ....

....

....

3 ....

....

....

4 Réécrivez les phrases suivantes en remplaçant l'élément souligné par *la vôtre, le leur, le mien, les nôtres* et *la tienne*.

1 Vos enfants sont plus sportifs que <u>nos enfants</u>.

....

2 Ma voiture est au garage. Je pourrais utiliser <u>ta voiture</u> aujourd'hui ?

....

3 Ton mari circule en voiture mais <u>mon mari</u> prend le bus.

....

4 Il fait plus chaud dans notre appartement que dans <u>leur appartement</u>.

....

5 Ma journée a été terrible ! Et vous, comment s'est passée <u>votre journée</u> ?

....

5 Classez ces mots selon qu'ils se prononcent [ø] ou [œ].

un moteur – le leur – les pleurs – la peur – un peu – la queue – le cœur – meilleur – mieux

[ø]	[œ]
le feu,	une fleur,

 Destination soleil

COMPRENDRE 1 **Les phrases suivantes expriment-elles une opinion ou un fait ?**

	Opinion	Fait
1 C'est un adepte de la marche à pied.	☐	☐
2 Vivre près de son lieu de travail, c'est mieux.	☐	☐
3 Il y a plus de jours de soleil dans les régions du sud de la France.	☐	☐
4 Une ville où il ne fait jamais beau, ça me déprime.	☐	☐
5 J'aime les agglomérations avec de nombreux parcs et jardins.	☐	☐
6 Il y a beaucoup d'associations culturelles dans ce quartier.	☐	☐
7 Je suis sûr que Montpellier est une ville très agréable.	☐	☐
8 Elle a trouvé cet article sur l'écologie très convaincant.	☐	☐

GRAMMAIRE 2 **Complétez les phrases avec *le/la/les plus* ou *le/la/les moins*.**

1 Vous ne devriez pas utiliser ce fauteuil, c'est .... confortable. Prenez celui-là.

2 Elle n'a pas beaucoup d'argent : elle fait ses courses dans les commerces .... chers.

3 La voiture est le mode de transport .... utilisé dans les grandes agglomérations.

4 J'aimerais agrandir ma chambre : actuellement, c'est .... spacieuse de notre appartement.

5 Ils sont très branchés : ils vont toujours dîner dans les restaurants .... à la mode.

6 J'aime bien Léa. Selon moi, c'est .... sympathique de tes amies.

GRAMMAIRE 3 **Lisez le tableau ci-dessous, puis faites six phrases à l'aide de *le plus* ou *le moins*.**

	Montpellier	Perpignan	Marseille
Habitants	229 055	107 241	807 071
Associations sportives	246	118	572
Cinémas	2	3	11
Musées	5	4	15

Exemple : *Perpignan est la ville où il y a **le moins de** musées.*
→ *C'est à Perpignan qu'il y a **le moins de** musées.*

....

....

....

....

D'après vous, quelle ville est la plus agréable à vivre ? Pourquoi ?

COMPRENDRE 4 **Trouvez les questions.**

1 – _____ ?

– Dans une ville, près de Marseille, qui s'appelle Aix-en-Provence.

2 – _____ ?

– Une grande maison, avec un beau jardin et une piscine, que mon mari a construite.

3 – _____ ?

– Non, avant nous habitions à Douai, dans le nord de la France.

4 – _____ ?

– Parce que le climat était vraiment trop mauvais là-bas. Nous avions envie de soleil.

5 – _____ ?

– Oh oui ! Vous savez, ici, l'environnement est particulièrement agréable et les gens très chaleureux.

6 – _____ ?

– Les enfants prennent le bus pour aller à l'école. Mais mon mari et moi, nous allons au travail en voiture.

VOCABULAIRE 5 **Parmi les mots suivants, lesquels sont en relation avec le cadre de vie ? Entourez-les.**

magasin	climat	pollution	environnement
édition	écologie	design	mode de transport
sécurité	qualité de vie	ministère	terminus

VOCABULAIRE 6 **Complétez le texte suivant avec trois mots de la même famille.**

J'ai rencontré le propriétaire de l'appartement que j'aimerais _____ , rue des Tournelles.

Il m'a dit que l'ancien _____ , qui est parti le mois dernier, payait un _____

de 630 euros par mois. Mais je trouve ça vraiment cher !

vingt-cinq **25**

LEÇON 12 · Choix de vie

COMPRENDRE 1 À la ville comme à la campagne !

Lisez l'article suivant et dites à quelles personnes correspondent les affirmations ci-contre.

Habiter à la campagne et travailler à Paris… c'est possible !

De plus en plus d'habitants de villages ou de petites villes viennent chaque jour de la semaine à Paris, où ils travaillent. Ceux qui ont choisi ce style de vie nous expliquent pourquoi.

ÉLISA, 42 ans

Avant, j'habitais dans le centre-ville de Paris, à dix minutes en bus de l'hôpital où je travaille actuellement. Mais je déprimais dans mon petit appartement et j'avais envie de plus d'espace. Aujourd'hui, je vis à la campagne, dans une très belle maison. Le loyer est aussi cher que celui de mon ancien logement mais j'ai cinq pièces, une terrasse et un grand jardin. C'est sûr que, le soir, je suis plus fatiguée parce que je passe beaucoup de temps sur la route, mais choisir entre un travail que j'adore et la maison de mes rêves à la campagne, je refuse !

MALIKA, 37 ans

Arthur, mon mari, était au chômage et ne trouvait pas de travail à Paris. Quand une entreprise lui a proposé de venir travailler à Caen, nous avons pensé qu'il ne pouvait pas refuser. Nous avons vendu notre appartement en banlieue parisienne et nous avons acheté une petite maison dans le centre de Caen. Moi, je viens quotidiennement à Paris, où je suis professeur dans un collège. Mais ça demande une grande organisation et ce n'est pas facile tous les jours. Je crois que nos enfants sont satisfaits de cette situation parce qu'ils voient leur père beaucoup plus qu'avant : maintenant, c'est lui qui va avec eux à l'école et qui leur prépare le dîner.

STÉPHANE, 23 ans

Moi, j'ai quitté la capitale parce que je suis tombé amoureux, tout simplement ! L'année dernière, en vacances, j'ai rencontré Emma, qui habite un petit village dans le centre de la France. En octobre, elle est entrée à l'université d'Orléans. Je la voyais seulement le week-end parce que, moi aussi, je suis étudiant, mais à Paris. Très vite, nous avons décidé de vivre ensemble. Prendre les transports, ce n'est pas un problème pour moi : dans le train, je lis ou j'écoute de la musique. Et puis, je n'ai pas besoin d'aller à Paris chaque jour, c'est l'avantage d'être à la fac !

JOËL, 29 ans

Ma femme et moi, nous habitons à Cepoy, à deux heures en voiture de la capitale. Et j'ai un petit commerce près de la tour Eiffel. Quand j'ai ouvert le magasin, mes petites filles avaient deux et quatre ans. Avec la pollution, le bruit et la circulation, Paris n'est pas une ville agréable quand on a des enfants. Alors rester à la campagne, c'était la meilleure solution. Je préfère passer quatre heures par jour en voiture pour aller travailler et le week-end pouvoir marcher tranquillement dans la rue avec ma famille. Aussi, dans mon village, tout le monde se connaît, les gens sont souriants. Mais dans une grande agglomération, c'est tout le contraire ! Je trouve ça triste.

Habitats,
mars 2008.

	Élisa	Malika	Stéphane	Joël
1 Selon moi, la qualité de vie est meilleure à la campagne qu'à Paris.	☐	☐	☐	☐
2 Quand je rentre chez moi, je suis moins dynamique qu'avant.	☐	☐	☐	☐
3 J'habite à la campagne pour être avec celle que j'aime.	☐	☐	☐	☐
4 Il faut être organisé pour travailler à Paris et vivre à la campagne.	☐	☐	☐	☐
5 J'ai choisi de rester à la campagne pour mes enfants.	☐	☐	☐	☐
6 Je trouve les gens plus sympathiques à la campagne qu'en ville.	☐	☐	☐	☐
7 J'ai quitté Paris pour avoir un logement plus spacieux.	☐	☐	☐	☐
8 Mes enfants sont contents de ce choix de vie.	☐	☐	☐	☐

ÉCRIRE

2 Qu'en pensez-vous ? 🔵

**Et vous ? Aimeriez-vous travailler dans une grande agglomération mais vivre à la campagne ?
Selon vous, est-ce une bonne solution ? Donnez votre opinion.**

....

....

....

....

ÉCRIRE

3 Comparez. 🔵

**Un ami qui habite à Paris aimerait passer le week-end chez vous, à Toulouse. Vous lui écrivez
une lettre où vous comparez les différents moyens de venir à Toulouse. Vous donnez également
votre opinion sur ces modes de transport (confort, avantages, inconvénients, etc.).**

Paris – Toulouse	TGV	Avion	Autocar
Prix	73 euros	210 euros	52 euros
Temps de transport	5 h 13	1 h 15	9 h 30

....

....

....

....

....

LEÇON **13** # De bonnes résolutions

COMPRENDRE ## 1 Associez les phrases.

1 C'est décidé, le mois prochain, j'irai au travail en vélo !

2 Et toi, quelles sont tes bonnes résolutions ?

3 Mathias et Béa veulent étudier plus régulièrement.

4 J'aimerais bien apprendre à faire la cuisine.

5 Ils vont être plus sérieux avec l'argent qu'ils dépensent.

a Perdre mes mauvaises habitudes. Mais ça va être difficile !

b Bravo, c'est beaucoup mieux pour l'environnement !

c Si tu veux, je pourrais t'aider.

d C'est la banque qui le leur a demandé ?

e Ils auront de meilleures notes à la fac, j'imagine.

GRAMMAIRE ## 2 À l'aide des dessins suivants, imaginez ce que ferait cet homme s'il était riche.

Exemple : → *Si j'étais riche, j'arrêterais de travailler.*

1 _____

2 _____

3 _____

4 _____

5 _____

GRAMMAIRE **3 Avec des *si*… Imaginez le début ou la fin des phrases suivantes.**

1 _____, vous seriez en meilleure santé.

2 Si j'avais vingt ans de moins, _____.

3 Si vous preniez un taxi, _____.

4 _____, ton appartement serait plus propre.

5 Si elle ne travaillait pas le dimanche, _____.

6 _____, j'inviterais des amis tous les soirs.

GRAMMAIRE **4 Observez l'emploi du temps de Lisa, puis complétez les phrases ci-dessous avec *chaque, plusieurs, tous, quelques* ou *certains*.**

LUNDI 6	MARDI 7	MERCREDI 8	JEUDI 9	VENDREDI 10
		7 h 30 piscine		
9 h piscine	9 h gym	9 h 45 train déplacement à Orléans	9 h gym	9 h piscine
	11 h RDV M. Garnier		10 h réunion	11 h 15 RDV M. Smith
13 h – 15 h réunion	12 h 30 réunion		Déjeuner avec Marc, Ludovic et Anna	14 h réunion
			15 h 30 RDV Mme Mier	
téléphoner à Léo	téléphoner à Léo	téléphoner à Léo	téléphoner à Léo	téléphoner à Léo
19 h 30 cours d'italien		18 h réunion 19 h 30 cours d'italien		19 h 30 cours d'italien

1 Lisa fait du sport _____ les matins.

2 Elle a _____ rendez-vous dans la semaine.

3 Le jeudi, elle déjeune avec _____ amis.

4 Elle organise des réunions _____ jour.

5 Elle va à la piscine _____ fois par semaine.

6 Elle appelle son mari _____ après-midi.

7 _____ soirs, elle prend des cours d'italien.

LEÇON 14 Manger mieux, bouger plus

GRAMMAIRE 1 **Complétez le dialogue avec *certains, quelques-uns, tous, plusieurs* et *les autres*.**

– Dis donc, tu as maigri !

– Merci ! Tu sais, au bureau, _____ m'ont dit que j'étais grosse ! Je n'étais pas contente !

– Hé bien, tu ne devrais pas écouter _____ , surtout tes collègues : ils disent rarement des choses gentilles.

– C'est vrai. Enfin, _____ ne sont pas comme ça, heureusement.

– Alors, tu as perdu beaucoup de kilos ?

– Non, _____ seulement. Je ne suis pas au régime, je fais attention, c'est tout.

– Tu as raison, moi j'en ai fait _____ et, à chaque fois, j'ai arrêté ! C'est trop déprimant !

GRAMMAIRE 2 **Complétez avec *en* et *y* l'e-mail que Katia écrit à son amie.**

De : katia.duruy@wanadoo.fr

À : oliviadebart@yahoo.fr

Objet : proposition

Salut Olivia !

J'espère que tu vas bien. J'ai appris que tu souhaitais acheter un appartement ! Est-ce que tu _____ as trouvé un ? Moi, acheter un appartement, j' _____ penserai dans quelques années, quand j'aurai plus d'argent !

En ce moment, j'essaie de perdre des kilos parce que j' _____ ai pris beaucoup pendant les vacances. La semaine dernière, mon médecin m'a dit que j' _____ avais perdu trois, j'étais si contente ! Je dois aussi faire du sport régulièrement, mais ça, malheureusement, je n' _____ arrive pas. Tu ne voudrais pas _____ faire avec moi ? Je suis sûre que ça me donnerait du courage ! _____ a-t-il une salle de sport près de chez toi ? Si oui, on pourrait _____ aller ensemble, après le travail. Dis-moi vite ce que tu _____ penses !

Bises,

Katia

GRAMMAIRE

3 *Et si… ?* **Pour chaque situation, proposez une solution avec** *et si* **et un verbe à l'imparfait comme dans l'exemple.**

Exemple : Je suis très fatigué en ce moment.
→ *Et si tu faisais la grasse matinée demain ?*

1 Nos voisins sont très bruyants. _____

2 Mes enfants regardent trop la télévision. _____

3 Je ne trouve pas de cadeau pour l'anniversaire de Malika. _____

4 Tous ses amis sont partis : il s'ennuie. _____

5 Chaque année, je n'arrive pas à respecter mes bonnes résolutions. _____

6 Je ne me sens pas très bien, j'ai trop chaud. _____

VOCABULAIRE

4 **Votre ami(e) est au régime et vous l'aidez à faire attention aux choses qu'il/elle mange. Voici sa liste de courses. Barrez les produits que, selon vous, votre ami(e) ne devrait pas acheter pour respecter sa résolution.**

> du sucre
> du café
> du chocolat
> du vin
> une baguette de pain
> 250 grammes de viande
>
> du beurre
> des céréales
> des gâteaux
> du thé
> trois crêpes
> six yaourts
>
> des fruits
> de la glace
> des légumes
> deux croissants

COMPRENDRE

5 **Mettez ce dialogue dans l'ordre.**

a Quel courage ! Et toi, tu as pris des résolutions ?

b J'en suis sûre ! C'est une fille vraiment gentille.

c Et pourquoi ce n'est pas possible ?

d Mon mari a décidé d'arrêter la cigarette et ma fille de seize ans, les pâtisseries.

e C'est vrai, je me rappelle. Au début, mon mari et moi, nous nous couchions très tôt pour être en forme le matin… Et si tu demandais à ta sœur de prendre tes enfants chez elle, certains week-ends ?

f Ah ça oui ! Tu as de la chance. Si je pouvais, je ferais pareil…

g Ce serait bien, mais va-t-elle accepter ?

h Si tu avais deux enfants de trois et cinq ans, tu comprendrais pourquoi !

i Moi ? Faire la grasse matinée le dimanche ! Ça au moins, c'est une résolution originale !

j Oui, très sympa. D'accord, j'y penserai ! Finalement, il y a toujours une solution simple !

1	2	3	4	5	6	7	8	9	10
…	…	…	…	…	…	…	…	…	…

LEÇON 15 Demain, j'arrête…

COMPRENDRE

1 **Cochez les conseils que vous donneriez à cet homme pour qu'il soit en meilleure santé.**

- [ ] **1** Je lui conseillerais d'ouvrir la fenêtre.
- [ ] **2** Il faudrait qu'il fasse des travaux dans son appartement.
- [ ] **3** Il est indispensable qu'il arrête de fumer.
- [ ] **4** Ce serait utile qu'il perde quelques kilos.
- [ ] **5** Il serait préférable qu'il se lave tous les jours.
- [ ] **6** Il devrait faire le ménage.
- [ ] **7** Ce serait bien qu'il fasse un peu de musculation.
- [ ] **8** Il vaut mieux qu'il s'habille.
- [ ] **9** Il doit manger des choses de meilleure qualité.
- [ ] **10** Il est important qu'il se mette au sport.

GRAMMAIRE

2 **Conseils et obligations. Choisissez la bonne réponse.**

1 Au début, c'est toujours difficile. Il faut que tu _____ *(auras – aurais – aies – as)* du courage pour y arriver.

2 Son mari la motive énormément. C'est important qu'il _____ *(est – sera – serait – soit)* gentil avec elle.

3 Ils ont arrêté de fumer ? Alors ils doivent _____ *(se mettre – se mettent – se mettront – se mettraient)* au sport ou ils grossiront.

4 Ce problème de santé me préoccupe. Ce serait bien que je _____ *(pourrais – peux – pourrai – puisse)* en parler à quelqu'un.

GRAMMAIRE   **3** **Regardez le dessin et donnez trois conseils au personnage comme dans l'exemple.**

Exemple : *Il est préférable qu'il arrête le roller. Il vaut mieux qu'il prenne le bus. Il devrait choisir un mode de déplacement plus sûr.*

_____

_____

_____

_____

COMPRENDRE   **4** **Quelles sont les valeurs du conditionnel dans les phrases suivantes ? Complétez le tableau.**

1 Tu ne devrais pas manger ce gâteau au chocolat.

2 Je souhaiterais perdre trois kilos avant les vacances.

3 Il faudrait que tu achètes ce magazine, tu verras, il est super !

4 Vous ne voudriez pas venir à la piscine avec moi ?

5 Je voudrais faire plus de sport mais j'ai trop de travail en ce moment.

6 Tu devrais téléphoner au médecin, je suis sûre qu'il te conseillera.

7 Vous auriez une cigarette, s'il vous plaît ?

Demande polie	Conseil	Souhait

VOCABULAIRE   **5** **Entourez les treize verbes cachés dans la grille (horizontalement → et verticalement ↓).**

H	C	O	N	S	E	I	L	L	E	R
A	E	P	R	O	G	I	O	R	F	U
M	R	A	D	I	F	S	A	P	Q	S
O	E	S	E	C	U	A	U	P	J	O
T	S	S	C	O	M	C	G	R	A	U
I	P	O	I	U	E	C	M	O	I	H
V	E	C	D	C	R	E	E	F	P	A
E	C	I	E	H	O	P	N	I	D	I
R	T	E	R	E	H	T	T	T	C	T
A	E	R	U	R	E	E	E	E	Q	E
G	R	I	S	L	I	R	R	R	U	R
R	V	D	U	X	V	A	I	L	Z	T
S	L	D	A	G	R	O	S	S	I	R
L	M	S	S	P	A	R	M	N	P	O
C	A	N	E	X	P	R	I	M	E	R

La journée du sport

ÉCRIRE

1 Qu'en pensez-vous ?

Quel problème ce dessin évoque-t-il ? Qu'en pensez-vous ? Dans votre pays, est-ce pareil ?

_____

_____

_____

_____

_____

ÉCRIRE

2 Témoignage

« J'ai décidé de maigrir… et vous ? »

Le magazine **TOP SANTÉ** cherche des témoignages de personnes
qui ont fait un régime. Celles-ci parleront de leur expérience
et donneront leurs propres conseils pour bien maigrir.
Si cette annonce vous intéresse, écrire à :

**Magazine TOP SANTÉ
79, rue Casteret – 92 200 Nanterre**

Vous avez fait un régime, avec succès ou non. Vous écrivez au magazine _Top Santé_ **pour raconter votre expérience et conseiller ceux ou celles qui souhaiteraient perdre du poids. Utilisez :** _devoir_ + infinitif – _il faut que_ + subjonctif – _il est indispensable que_ + subjonctif – _ce serait bien que_ + subjonctif – _il est préférable que_ + subjonctif – _il vaut mieux que_ + subjonctif.

_____

_____

_____

_____

_____

COMPRENDRE **3 Opinions**

http://www.votre-regime.com

Accueil

Forum

FAQ

POUR OU CONTRE LES RÉGIMES ?

Max

Je crois que chacun doit faire ce qu'il veut avec son corps. Si une personne n'en est pas satisfaite, c'est une bonne chose qu'elle fasse plus attention à son alimentation. Mais, parfois, certaines font des régimes pour de mauvaises raisons, parce qu'elles ont lu dans un magazine que les hommes préfèrent les femmes qui ne sont pas grosses, par exemple. Enfin, j'estime que le plus important pour être bien dans sa peau, c'est de faire du sport régulièrement.

Édith

Les régimes ? Ah ça, ne m'en parlez pas ! Je refuse absolument d'en faire un ! Je sais que ce serait bien que je maigrisse un peu mais manger, c'est un vrai bonheur pour moi ! Quand je regarde les femmes qui sont au régime, elles arrêtent les restaurants, les dîners chez les amis et tous les autres petits plaisirs. Vous ne trouvez pas ça déprimant, vous ? Il vaut mieux avoir quelques kilos en trop mais rester souriante et aimer la vie !

Abdel

C'est amusant parce que je crois que c'est culturel. En Algérie, dans le village où je suis né, je n'imagine pas les femmes faire un régime ou seulement en parler. Mais, ici, on dirait que c'est un souci important pour les filles, ça les préoccupe vraiment. Qu'est-ce que j'en pense ? Il faut respecter les choix de chacun, c'est tout.

Fabrice

J'ai étudié un an aux États-Unis, où l'alimentation est souvent grasse. Quand je suis revenu en France, la balance indiquait 82 kilos ! Alors mon objectif, c'était de perdre 7 kilos. J'ai écouté les conseils d'un ami et je me suis mis au régime. Avant, j'étais absolument contre mais, finalement, je trouve que, parfois, c'est indispensable d'en faire un. Aujourd'hui, je pèse 77 kilos… j'ai presque réussi !

1 Lisez le document, puis dites si les personnes suivantes sont pour les régimes, contre les régimes ou bien sans opinion.

	Pour	Contre	Sans opinion
Max	☐	☐	☐
Édith	☐	☐	☐
Abdel	☐	☐	☐
Fabrice	☐	☐	☐

2 Vrai, faux ou cela n'est pas dit ? Cochez la bonne réponse.

	Vrai	Faux	Cela n'est pas dit
a Fabrice n'est plus au régime.	☐	☐	☐
b Abdel pense que toutes les femmes veulent se mettre au régime.	☐	☐	☐
c Pour Édith, faire un régime, c'est surtout des soucis.	☐	☐	☐
d Max aime bien les femmes qui ne sont pas grosses.	☐	☐	☐
e Édith trouve qu'elle devrait grossir un peu.	☐	☐	☐

Allez !
Au travail !

LEÇON **17** Āu chômage

COMPRENDRE 1 **Dites-le autrement. Associez les phrases de sens voisin.**

- **a** Son entreprise l'a licencié.
- **b** Il a réussi à garder le moral.
1 Il a fait des études supérieures. •
- **c** Il a un diplôme d'université.
2 Il est au chômage. •
- **d** Il n'a pas fait de grosse déprime.
3 Il a évité de déprimer. •
- **e** Il a étudié à la fac.
- **f** Il est demandeur d'emploi.
- **g** Il a perdu son travail.

GRAMMAIRE 2 **Complétez le dialogue en mettant les verbes entre parenthèses au présent, au passé composé ou à l'imparfait.**

– Salut Claire !

– Ça alors ! Jessica ! Tu _____ (aller) bien ?

– Très bien. Et toi ? Qu'est-ce que tu _____ (faire) en ce moment ?

– Eh bien, j'_____ (avoir) un poste d'assistante dans une boîte à Grenoble.

– Ah bon ? Tu n'_____ (habiter) pas à Toulouse avant ?

– Si. Mais il y a deux ans, l'entreprise où _____ (travailler) mon mari _____

(fermer) ses portes. Alors il _____ (perdre) son emploi, comme tous ses collègues.

– Et il en _____ (retrouver) un, mais à Grenoble… C'est ça ?

– Absolument. Quand nous _____ (arriver) dans cette ville, c'_____ (être) un peu

difficile parce que nous ne _____ (connaître) personne. Mais, maintenant, nous y

_____ (être) très heureux et Christian _____ (se sentir) bien dans son nouveau travail.

VOCABULAIRE 3 **Un même mot manque dans les trois phrases suivantes. Lequel ? Complétez.**

1 Samedi dernier, nous sommes sortis en _____ jusqu'à trois heures du matin.

2 Sa _____ l'a licencié en octobre dernier.

3 Qui a fini la _____ de chocolats ?! Elle était encore pleine ce matin !

GRAMMAIRE

4 **À l'aide des dessins ci-dessous, faites des phrases, comme dans l'exemple, pour raconter la vie de Cédric. Utilisez le présent, le passé composé et l'imparfait.**

Exemple : *Il a fait sept ans d'études à l'université.*

1990-1997

1997

1

2

1998-2000

HOPITAL

2002

3

4

ANPE

5

mars 2003

CABINET LEGRAS ET ASSOCIÉS

mai 2003

6

DOCTEUR JEAN

7

aujourd'hui

1 ....

2 ....

3 ....

4 ....

5 ....

6 ....

7 ....

VOCABULAIRE

5 **Cochez quand les phrases ont le même sens.**

☐ **1** Elle cherche un stage en entreprise. = Elle souhaite travailler pour payer ses études.

☐ **2** Ma femme a un salaire plus important que le mien. = Je touche moins d'argent qu'elle.

☐ **3** La population active française représente 26 millions de personnes. = Ceux qui font du sport.

☐ **4** On a diminué la durée du travail en France. = Aujourd'hui, les Français travaillent moins qu'avant.

☐ **5** Il trouve son métier passionnant. = Son emploi l'intéresse énormément.

COMPRENDRE

6 Remettez dans l'ordre les étapes de la vie de Georges.

A J'avais de mauvaises notes surtout dans les matières scientifiques.

B Quand j'étais enfant, je rêvais de devenir pilote d'avion.

C Je me suis donc inscrit à une formation professionnelle et j'ai eu mon diplôme de technicien.

D Je suis allé au lycée et les problèmes ont commencé.

E Aujourd'hui, je répare des moteurs d'avion. Mon rêve ne s'est pas réalisé, mais je travaille quand même avec des avions !

F Je n'ai pas eu le baccalauréat.

1	2	3	4	5	6
....	....	....	....	....	....

VOCABULAIRE

7 Complétez les rubriques de cette offre d'emploi.

<u>OFFRE PRÉCÉDENTE</u>   <u>OFFRE SUIVANTE</u>

Adjoint(e) de direction (H/F)
Réf. : T/3178

1 .... : Paris

2 .... : souhaitée de un à cinq ans en restauration ou en commerce

3 .... : Brevet de technicien supérieur option secrétariat

4 .... : mensuel 1 500 €

5 .... : 35 heures hebdomadaires

6 .... : moins de 50 salariés

<u>Nouvelle recherche</u>   **> Postuler pour cette offre**

CONJUGAISON

8 Conjuguez au passé composé.

1 Je – sortir à 8 heures : ....

2 Tu – faire les courses : ....

3 Il – chercher du travail : ....

4 Nous – perdre notre emploi : ....

5 Vous – avoir de la chance : ....

6 Elles – trouver un appartement : ....

LEÇON

18 À mi-temps

COMPRENDRE 1 **Les personnes suivantes travaillent-elles à temps plein, à mi-temps ou à temps partiel ?**

	Temps plein	Mi-temps	Temps partiel
1 Nous n'ouvrons le magasin que le matin.	☐	☐	☐
2 Il va au bureau tous les jours, de 9 h 30 à 18 h 30.	☐	☐	☐
3 Elle ne travaille que quatre jours par semaine.	☐	☐	☐
4 Le mercredi, je ne travaille pas pour rester avec mes enfants.	☐	☐	☐
5 La femme de ménage vient les mardis et jeudis.	☐	☐	☐
6 Si je pouvais prendre un jour de congé par semaine, je le ferais !	☐	☐	☐

VOCABULAIRE 2 **Complétez pour former quatre mots qui ont un sens voisin d'*activité professionnelle*.**

1 P __ __ __ E

2 M __ __ __ __ R

3 E __ __ __ __ I

4 T __ __ __ __ __ L

COMPRENDRE 3 **Associez les phrases.**

A Quand il était au chômage, il s'occupait des courses et des enfants.

B Avant, je n'étais pas très sportive.

C Il allait chaque été au même endroit pour les vacances.

D Quand j'étais ado, je n'aimais pas trop l'école.

E Le magasin avait des problèmes financiers.`

1 Il a donc fermé l'année dernière.

2 Mais quand je suis entrée à l'université, mon opinion a évolué.

3 C'est là qu'il a rencontré Béatrice.

4 Un jour, un ami m'a conseillé de me mettre au tennis.

5 Et puis il a retrouvé du travail.

a Certains vendeurs sont toujours sans emploi.

b Et, aujourd'hui, j'en fais régulièrement !

c Maintenant, c'est la nourrice qui s'en occupe.

d Et, à présent, je voudrais faire de longues études.

e Ils se marient la semaine prochaine.

A	B	C	D	E
5				
c				

VOCABULAIRE

4 Trouvez les mots et complétez la grille.

1 À la _____, le bébé ne pesait que 2,3 kilos mais il a rapidement pris du poids.

2 Elsa va à la _____ quand elle veut étudier tranquillement ou lire un livre.

3 La _____ s'occupe des enfants les jours où mon mari et moi travaillons.

4 Philippe est assez lent le matin. Il n'est jamais _____ quand c'est l'heure de partir.

5 Tu dois prendre une _____ maintenant : souhaites-tu venir ou non ?

6 Anne ? Non, elle ne travaille pas cette semaine. Elle a pris un _____ de quelques jours.

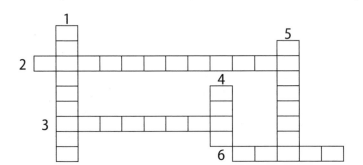

GRAMMAIRE

5 Complétez les phrases comme dans l'exemple.

Exemple : Les dirigeants ont eu une réaction intelligente.
→ *Ils ont réagi **intelligemment**.*

1 C'est un jeune homme poli. → Il a refusé le poste _____.

2 Cet exercice est difficile. → Les étudiants le comprennent _____.

3 J'ai obtenu une réponse positive pour le stage. → L'ANPE m'a répondu _____.

4 Elle a un salaire suffisant pour payer son loyer. → Elle gagne _____ d'argent.

5 C'est un enfant sérieux. → Il étudie _____ à l'école.

6 Cette entreprise est récente. → Elle a ouvert ses portes _____.

GRAMMAIRE

6 Dans les phrases suivantes, remplacez *seulement* par *ne... que.*

1 Elle travaille seulement l'après-midi.

_____

2 À l'université, il apprend seulement l'anglais.

_____

3 L'année dernière, j'ai pris seulement trois semaines de congés.

_____

4 Le travail à temps partiel attire seulement les femmes qui ont des enfants.

_____

5 Dans cette usine, les travailleurs ont seulement une demi-heure pour déjeuner.

_____

6 Mon grand-père touche seulement 350 euros de retraite par mois.

_____

GRAMMAIRE **7** **Un ami de votre cours de français a besoin de votre aide. Il vous a envoyé son exercice par e-mail. Soulignez ses erreurs et corrigez-les.**

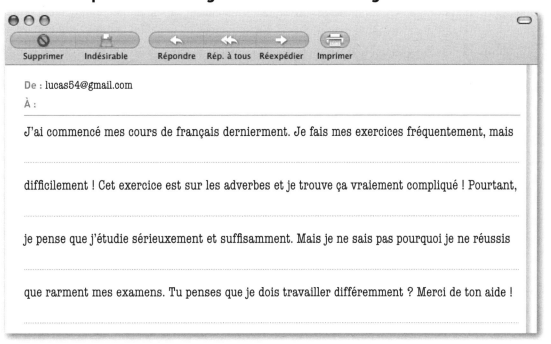

De : lucas54@gmail.com
À :

J'ai commencé mes cours de français dernierment. Je fais mes exercices fréquentement, mais

difficilement ! Cet exercice est sur les adverbes et je trouve ça vraiement compliqué ! Pourtant,

je pense que j'étudie sérieuxement et suffisamment. Mais je ne sais pas pourquoi je ne réussis

que rarment mes examens. Tu penses que je dois travailler différemment ? Merci de ton aide !

GRAMMAIRE **8** **Répondez aux questions en exprimant une restriction.**

Exemple : Elle travaille aussi le week-end ? *Non, elle ne travaille que la semaine.*

1 Il prend des cours d'anglais tous les jours ? ....

2 Vous partez en province tous les week-ends ? ....

3 Tu vas au cinéma tous les samedis ? ....

4 Ils achètent souvent des livres ? ....

5 Est-ce que je peux venir en vacances chez toi tout le mois d'août ? ....

6 Elle assistera à tout le colloque ? ....

VOCABULAIRE **9** **Associez les contraires.**

1 emploi •   • **a** échec

2 travail •   • **b** semblable

3 partiel •   • **c** chômage

4 choix •   • **d** ancien

5 congé •   • **e** obligation

6 succès •   • **f** loisir

7 récent •   • **g** complet

8 différent •   • **h** activité

LEÇON 19 Souvenirs d'école

COMPRENDRE **1** **Dans les phrases suivantes, l'événement est-il terminé ou non au moment où on parle ?**

1 En ce moment, il est à la fois coursier et serveur dans un bar.

2 Il y a un mois, notre fils a passé son bac avec succès.

3 La semaine dernière, le professeur de chimie était malade.

4 J'écris des poèmes et des romans depuis dix ans.

5 Actuellement, il travaille tellement qu'il n'a pas le temps de voir ses amis.

6 À l'époque, il n'y avait pas beaucoup d'émissions sur la littérature à la télévision.

7 À l'âge de vingt-deux ans, j'ai décidé d'aller vivre à Paris.

8 Anaïs aime lire depuis qu'elle est toute petite.

	1	2	3	4	5	6	7	8
L'événement est terminé.								
L'événement continue.	✗							

GRAMMAIRE **2** **Complétez l'e-mail suivant avec *dans*, *depuis*, *il y a*, *en* et *de... à*.**

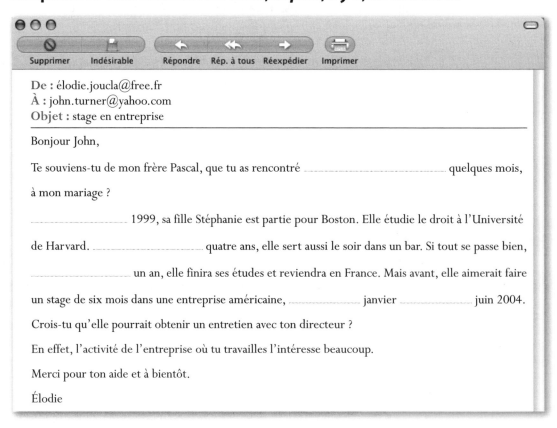

Supprimer Indésirable   Répondre Rép. à tous Réexpédier Imprimer

De : élodie.joucla@free.fr
À : john.turner@yahoo.com
Objet : stage en entreprise

Bonjour John,

Te souviens-tu de mon frère Pascal, que tu as rencontré _____ quelques mois, à mon mariage ?

_____ 1999, sa fille Stéphanie est partie pour Boston. Elle étudie le droit à l'Université de Harvard. _____ quatre ans, elle sert aussi le soir dans un bar. Si tout se passe bien, _____ un an, elle finira ses études et reviendra en France. Mais avant, elle aimerait faire un stage de six mois dans une entreprise américaine, _____ janvier _____ juin 2004.

Crois-tu qu'elle pourrait obtenir un entretien avec ton directeur ?

En effet, l'activité de l'entreprise où tu travailles l'intéresse beaucoup.

Merci pour ton aide et à bientôt.

Élodie

VOCABULAIRE

3 **Associez les expressions de sens voisin.**

1 à l'âge de dix-huit ans •   • **a** dans le passé

2 aujourd'hui •   • **b** entre 1980 et 1990

3 dans les années 1980 •   • **c** au début

4 au départ •   • **d** maintenant

5 à l'époque •   • **e** l'année de mes dix-huit ans

GRAMMAIRE

4 **Répondez aux questions en utilisant *depuis* ou *il y a* comme dans l'exemple.**

Exemple : Depuis combien de temps est-il veilleur de nuit dans cet hôtel ? (trois ans)
→ *Il est veilleur de nuit dans cet hôtel **depuis trois ans**.*

1 – Quand est-ce que ton entreprise t'a licencié ? (deux semaines)

–

2 – Depuis combien d'années présente-t-il le journal télévisé ? (neuf ans)

–

3 – Quand avez-vous obtenu votre diplôme ? (six mois)

–

4 – Depuis combien de temps fait-il ce métier ? (huit ans)

–

5 – Quand est-ce que vous avez arrêté de travailler ? (sept mois)

–

6 – Depuis combien de temps sont-ils au chômage ? (cinq jours)

–

7 – Depuis combien de temps le professeur fait-il cours ? (trois heures)

–

8 – Quand as-tu commencé la fac ? (deux mois)

–

GRAPHIE/PHONIE

5 **Complétez les phrases suivantes avec *sait*, *sais*, *s'est*, *ces*, *ses* ou *c'est*.**

1 _____ chez _____ amis qu'il a oublié son chapeau ?

2 _____ -tu si _____ vrai ce qu'il dit ?

3 _____ six euros, _____ six stylos-là !

4 _____ -il perdu ou _____ -il retrouver son chemin ?

5 _____ vraiment un pays merveilleux, j'aime beaucoup _____ parfums,

couleurs et je _____ que j'y retournerai aussi pour sa population chaleureuse.

GRAMMAIRE

6 **Tanguy prend son temps ! Décrivez son parcours en utilisant *dans*, *depuis*, *il y a*, *de... à*, *en*.**

| 1980 | 1996-2001 | 2001 | 2001-2008 | 2009 ? |

....

....

....

VOCABULAIRE

7 **Complétez le tableau avec les synonymes et les contraires suivants :**

oublier – ignorer – dernier – charmer – se rappeler – ennuyer – secondaire – cacher – savoir – initial – décrire – central

	se souvenir	plaire	principal	montrer	premier	connaître
Signifie la même chose						
Signifie le contraire						

CONJUGAISON

8 **Conjuguez les verbes entre parenthèses aux temps qui conviennent.**

> Jocelyne Vaillant
> 81 rue Didot
> 75014 Paris
>
>
> Centre d'information et de
> Documentation jeunesse
> 101 quai Branly
> 75740 Paris cedex 15
> Paris, le 5 octobre 2008
>
>
> Madame, Monsieur,
>
> Mon fils Marius .... (avoir) son baccalauréat en 2005. Depuis, il .... (être) à l'université. De 2005 à 2007, il .... (étudier) l'histoire, mais en 2007, il .... (changer) d'avis et .... (s'inscrire) en médiation culturelle. Le problème, c'est qu'il ne .... (savoir) pas trop ce qu'il .... (vouloir) faire plus tard. Il .... (aimer) faire carrière dans l'humanitaire. .... (Pouvoir) -vous nous indiquer des associations qui .... (accepter) des stagiaires ?
>
> Vous en remerciant par avance.
>
> Cordialement.
>
> Jocelyne Vaillant

LEÇON 20 — Les études à l'étranger

1 Cinéma

L'AUBERGE ESPAGNOLE

Réalisateur : Cédric Klapisch

Xavier, un jeune Parisien de vingt-cinq ans, part à Barcelone pour terminer ses études en économie et apprendre l'espagnol. La maîtrise de cette langue est nécessaire pour occuper un poste que lui propose un ami de son père, au ministère des Finances. Il laisse donc à Paris sa petite amie Martine, avec qui il vit depuis quatre ans. En Espagne, Xavier cherche un logement et trouve finalement un appartement dans le centre de Barcelone. Il va partager ce logement avec sept étudiants qui viennent chacun d'un pays différent. Tous font leur dernière année d'études à l'Université de Barcelone. Parmi eux, Xavier va vivre de nouvelles expériences et va passer une année qu'il n'oubliera jamais…

1 Lisez la présentation du film *L'Auberge espagnole*. Aimeriez-vous voir ce film ? Pourquoi ? Essayez d'imaginer pourquoi Xavier « va passer une année qu'il n'oubliera jamais ». Selon vous, qu'est-ce qu'une telle expérience pourrait lui apprendre ?

2 Peu après son départ, Xavier écrit à sa petite amie Martine. Dans sa lettre, il raconte sa vie à Barcelone, il parle de ses nouveaux amis, du petit job qu'il a trouvé et il explique comment s'organisent ses cours. Écrivez la lettre.

2 Candidature

Astrid cherche un nouvel emploi. Elle a vu la petite annonce ci-contre et décide d'envoyer sa candidature.

À l'aide de la lettre de candidature de la page suivante, complétez les informations manquantes sur le CV d'Astrid.

Agence nationale pour l'emploi	
Réf.	8432667-F
Poste	Responsable d'agence de voyages
Lieu	Nice
Diplôme	Bac + 3 Expérience 4 ans minimum dans le tourisme
Autre	Goût du voyage, anglais indispensable et espagnol souhaité
Rythme	Temps plein

Envoyez lettre de candidature + CV
à NICE VOYAGES
13, rue de Mérimée – 06300 Nice

Astrid Caillet
2, place Grimaldi
06000 Nice

NICE VOYAGES
13, rue de Mérimée
06300 Nice
Nice, le 22 avril 2009

Madame, Monsieur,

J'ai lu votre petite annonce sur le site Internet de l'ANPE et l'emploi que vous proposez m'intéresse beaucoup.

Je connais très bien l'anglais parce qu'après mon baccalauréat en 1992, j'ai étudié cette langue à l'université, où j'ai passé une maîtrise. En 1995, à l'issue de mes études en France, j'ai fait un stage de deux mois comme animatrice dans un club de vacances américain, à Atlanta. Ensuite, je suis partie un an en Angleterre, à l'Université d'Oxford, et j'y ai obtenu un diplôme de littérature anglaise. Je parle aussi un peu l'espagnol, que j'ai appris au lycée.

Jusqu'en 1998, j'étais professeur d'anglais dans un institut de langues mais, cette année-là, l'entreprise a eu de gros problèmes financiers et j'ai été licenciée. Je ne suis restée au chômage que quelques mois et j'ai retrouvé du travail en Angleterre, où j'ai eu un poste d'assistante d'accueil à l'office de tourisme de Bedford de 1998 à 2000.

Actuellement, je travaille depuis presque trois ans comme responsable de séjours dans l'agence de voyages Tour Vacances, à Nice. J'organise des circuits touristiques en Europe et en Amérique du Nord. Je trouve ce métier passionnant, mais je souhaite maintenant occuper un poste de dirigeante dans une agence de voyages. Je pourrais être disponible très rapidement.

Dans l'attente de vous rencontrer, je vous envoie mon curriculum vitae.

Salutations distinguées,

Astrid Caillet

Astrid Caillet
2, place Grimaldi
06000 Nice
Tél. : 04 93 45 53 09

Née le 24/08/1977 à Paris.
Mariée, deux enfants.

EXPÉRIENCES PROFESSIONNELLES
- depuis
- Assistante d'accueil
- 1999- Professeur d'anglais (Institut de langues ILP, Paris)
- juillet-août 1998

DIPLÔMES
- 1998-1999
- 1995-1998 (Université d'Oxford, Angleterre)
  Études universitaires, maîtrise d' (Université de Nanterre)
- Baccalauréat (lycée Évariste-Gallois, Sartrouville)

LANGUES
- Anglais Séjours de plusieurs mois en Angleterre et aux États-Unis
- Espagnol

AUTRES
- Bonnes connaissances en informatique
- Passion pour la littérature anglaise et les voyages
- Pratique de la natation

UNITÉ 6 Temps libre

LEÇON 21 Internet et vous

COMPRENDRE

1 **Associez les questions et les réponses. Sur Internet…**

1 Est-ce que vous achetez des livres ? •

2 Vous êtes-vous déjà fait des amis ? •

3 Est-ce que vous téléchargez des films ? •

4 Vous écoutez de la musique en direct ? •

5 Vous lisez la presse ? •

6 Vous envoyez beaucoup d'e-mails ? •

• **a** C'est tellement pratique pour communiquer rapidement !

• **b** Je n'ose pas. Il paraît que ce n'est pas autorisé par la loi.

• **c** Non, je n'aime pas lire à l'écran, je préfère le papier.

• **d** Ça oui. Ça évite d'avoir une chaîne hi-fi et d'acheter des CD.

• **e** Non, je préfère aller dans une librairie.

• **f** Ah oui ! J'aime beaucoup les sites de rencontre !

GRAMMAIRE

2 **À l'aide des dessins, complétez les phrases avec *ne… plus, ne… rien, ne… personne, ne… pas encore* ou *ne… jamais.***

Exemple : EXAMEN → *Il est stressé parce qu'il **n'a pas encore** passé l'examen.*

1 .... donc il ne peut pas finir les travaux.

2 La nourrice n'est pas satisfaite parce que ....

3 ...., donc elle est en bonne santé.

4 Ils peuvent choisir la table qu'ils préfèrent puisque ....

5 Il doit trouver un autre hôtel parce que ....

6 ...., alors les gens attendent devant l'entrée.

VOCABULAIRE 3 **Dites-le autrement. Cochez la phrase qui a le même sens.**

1 Théo a de nombreux passe-temps.
☐ **a** Il passe beaucoup de temps au travail.
☐ **b** Il a beaucoup de loisirs différents.

2 Faire du sport, c'est une nécessité pour moi.
☐ **a** J'ai besoin de pratiquer une activité sportive.
☐ **b** Je ne suis pas très sportif.

3 Elle essaie de faire des économies.
☐ **a** Elle a trop d'argent.
☐ **b** Elle évite de dépenser trop d'argent.

4 Préparer les repas, quelle corvée !
☐ **a** Faire la cuisine, c'est amusant.
☐ **b** Cuisiner, c'est très ennuyeux.

5 Il est fier de son travail.
☐ **a** Il considère qu'il a bien travaillé.
☐ **b** Il n'est pas satisfait de son travail.

GRAPHIE/PHONIE 4 **[e], [ɛ] ou [ə] ?**

1 **Classez les mots suivants dans le tableau. (Certains mots vont dans plusieurs colonnes.)**
fenêtre – menu – problème – réaction – reste – exemple – adresse – crêpe – réalité – répéter – besoin – acheter – lectrice – repas – éclair – près – réalisateur – cinéma – succès – fête – réussir – devant – décoration – même – église – arrête – pelle – achète – école

[e]	[ɛ]	[ə]

2 **Trouvez d'autres mots et classez-les dans les colonnes correspondantes.**

GRAMMAIRE **5** Complétez le texte en fonction du sens avec *ne… plus, ne… rien, ne… personne, ne… pas encore, ne… jamais, ne… pas souvent.*

> « Je fais partie des personnes qui n'aiment pas la technique. Je _____ avais _____ utilisé Internet lorsque j'ai rencontré mon mari. Sa profession : informaticien ! Les ordinateurs sont entrés à la maison et je _____ ai _____ pu dire ! Quand mon mari m'a demandé d'utiliser le courrier électronique, je lui ai répondu : « Non ! Je _____ suis _____ prête ! Et puis, tu es au travail toute la journée, il _____ y a _____ pour m'apprendre ! » C'est vrai, avec son travail, il _____ est _____ à la maison. Alors, il a décidé de travailler à temps partiel. Tous les vendredis, cours d'informatique ! Je _____ pouvais _____ trouver d'excuses ! »

VOCABULAIRE **6** Associez chaque mot à sa définition.

1 télécharger •
2 MP3 •
3 naviguer •
4 e-mail •
5 webcam •
6 internaute •

• **a** petite caméra reliée à un ordinateur
• **b** charger sur son ordinateur un fichier ou un document
• **c** format audio, fichier son
• **d** utilisateur d'Internet
• **e** courrier envoyé ou reçu par un ordinateur
• **f** faire une recherche sur Internet

GRAMMAIRE **7** Construisez le portrait du démon. Le démon est le contraire de l'ange !

J'aime tout le monde.   _____

Je donne tout sans compter.   _____

J'aide toujours les gens.   _____

J'ai déjà fait 100 bonnes actions cette semaine !   _____

LEÇON 22 À chacun son café

COMPRENDRE 1 **Cochez les phrases qui permettent d'exprimer une préférence.**

☐ **1** J'aime mieux aller dans un bar où je connais le patron et où les clients sont des habitués.

☐ **2** Je prends mon café dans le même lieu depuis quinze ans.

☐ **3** Un petit bistrot de quartier, c'est plus sympa qu'un grand établissement, même bien situé.

☐ **4** Les bistrots traditionnels et chaleureux, ce sont ceux que je préfère.

☐ **5** Le prix des consommations a beaucoup augmenté dans ce café.

☐ **6** J'aime bien ce restaurant : il est calme et les serveurs sont aimables.

☐ **7** J'apprécie surtout ce bar : au moins il ne ressemble pas aux autres.

☐ **8** C'est un café qui vient d'ouvrir et qui n'a pas encore beaucoup de clients.

COMPRENDRE 2 **À vous ! Utilisez les verbes et expressions de l'exercice précédent et faites cinq phrases pour commenter le schéma ci-contre.**

Exemple : *18 % des gens aiment surtout aller au restaurant.*

En général, où préférez-vous sortir le samedi soir ?

Cinéma 15 %
Théâtre 5 %
Concert 8 %
Restaurant 18 %
Bars/bistrots 37 %
Discothèque 17 %

....

....

....

....

COMPRENDRE 3 **Remettez le dialogue dans l'ordre.**

a Eh bien, tout d'abord, nous avons voulu aller à *L'atelier*, mais ce bar a disparu.

b Tu as l'air fatigué, toi !

c Et vous êtes allés où ?

d Alors, finalement, vous avez réussi à trouver un autre endroit ?

e Oui, et même sans artiste parmi nous, on a bien rigolé !

f Je suis allé prendre un verre avec des amis.

g C'est bien normal puisque je n'ai dormi que cinq heures la nuit dernière !

h Seulement ? Mais qu'est-ce que tu as fait hier soir ?

i Grâce à Guillaume, heureusement. Il connaissait un petit bistrot insolite où les clients peuvent à la fois boire un verre et peindre sur les murs !

j Je crois que le patron a dû fermer à cause des voisins qui se plaignaient du bruit.

k Vraiment ? C'est dommage, c'était pourtant un lieu sympa. Sais-tu pourquoi il n'existe plus ?

l En effet, c'est original !

1	b
2	....
3	....
4	....
5	....
6	....
7	....
8	....
9	....
10	....
11	....
12	....

GRAMMAIRE

4 À l'aide de *parce que, puisque, comme, grâce à* ou *à cause de*, faites des phrases pour exprimer la cause.

Exemple : tu refuses d'aller dans ce bar – proposes-en un autre
→ *Puisque tu refuses d'aller dans ce bar, proposes-en un autre.*

1 une décoration originale – cet endroit est de plus en plus connu

....

2 tu n'as pas cours demain – tu peux sortir en boîte ce soir

....

3 j'ai payé les consommations – il n'avait plus d'argent

....

4 les bistrots du centre-ville attirent beaucoup de monde – la proximité des lieux touristiques

....

5 ses horaires de travail – le patron de ce café voit rarement sa famille

....

6 tu n'aimes pas le café – j'ai demandé du thé

....

VOCABULAIRE

5 À l'aide des dessins, trouvez les cinq verbes et complétez la grille.

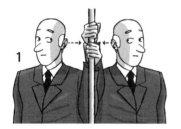

1

2

3

4

5

GRAMMAIRE 6 **Associez les questions et les réponses.**

1 Pourquoi ne veux-tu pas sortir avec nous ce soir ?

2 Tu ne peux pas venir dimanche prochain ? Je vais changer la date du déjeuner, alors.

3 Tu viens au cinéma avec moi demain ?

4 Si tu invites Valérie à ton anniversaire, je ne viendrai pas !

5 Tu as déjà commandé le plat du jour ?

a Oui, et comme tu n'aimes pas le poisson, j'ai commandé du poulet.

b Non, je ne peux pas à cause de mon cours d'anglais.

c Merci ! grâce à toi, la famille va pouvoir être réunie !

d Parce que je suis fatigué, je veux me coucher tôt.

e Puisque c'est comme ça, j'annule ma fête d'anniversaire !

1	2	3	4	5
....	....	....	....	....

GRAMMAIRE 7 **Donnez votre opinion sur quatre habitudes qui, selon vous, ont changé ces dernières années. Faites quatre phrases en utilisant une formule d'expression de la cause (*parce que* – *à cause de* + nom – *grâce à* + nom – *comme*).**

Exemple : *Comme il n'a pas su s'adapter aux nouvelles attentes des clients, ce café de quartier a dû fermer.*

1 ....

2 ....

3 ....

4 ....

VOCABULAIRE 8 **Associez les expressions de sens voisin.**

1 Ils préfèrent rester chez eux. •   • a Les consommations sont trop chères.

2 On rencontre des gens. •   • b Le personnel n'est pas agréable.

3 Quand on voit le prix des boissons ! •   • c Beaucoup de monde fréquente ce café.

4 Les serveurs ne sont pas sympas •   • d Ils n'ont pas envie de sortir.

5 C'est un café qui a du succès. •   • e On fait de nouvelles connaissances.

LEÇON 23 Week-end

VOCABULAIRE 1 **Complétez l'e-mail qu'Alexis écrit à l'Office du tourisme de Lozère à l'aide des mots suivants :** *activités – informations – séjour – réductions – transport – visites – semaines – région.*

De : asoulier@aol.fr
À : lozere@tourisme.com
Objet : demande d'informations

Bonjour,

J'aimerais passer un week-end en Lozère prochainement mais je ne connais pas

cette _____ . J'aurais donc besoin de quelques _____ .

Tout d'abord, savez-vous si les hôtels de la ville de Mende proposent des _____

pour les étudiants ? Faut-il réserver plusieurs _____ avant ou seulement

en arrivant sur place ? Je souhaiterais aussi profiter de mon _____

pour faire des _____ sportives : quelles sont celles que vous proposez ?

Y a-t-il également de jolies _____ à faire ? Enfin, quel est le moyen

de _____ le plus rapide depuis Rennes, où j'habite ?

En vous remerciant pour votre aide,

Alexis Soulier

VOCABULAIRE 2 **Trouvez l'intrus.**

1 ☐ canoë   ☐ bateau   ☐ caravane

2 ☐ neige   ☐ avion   ☐ ski

3 ☐ clientèle   ☐ produit   ☐ patron

4 ☐ visite   ☐ portable   ☐ téléphone

5 ☐ sapin   ☐ ski   ☐ boucle

GRAMMAIRE 3 **Choisissez la phrase de même sens.**

1 Vous pourrez bronzer au bord de la piscine <u>en écoutant un concert de jazz</u>.

☐ **a** et écouter un concert de jazz en même temps.

☐ **b** et de cette manière écouter un concert de jazz.

2 En arrivant à l'hôtel, vous serez accueilli par des professionnels du tourisme.

☐ **a** Puisque vous arriverez à l'hôtel,

☐ **b** Quand vous arriverez à l'hôtel,

3 Vous pourrez prendre un verre au bar en regardant la mer.

☐ **a** et à cette condition vous regarderez la mer.

☐ **b** et regarder la mer en même temps.

4 Je me sens bien en pratiquant le yoga ou la relaxation.

☐ **a** et de cette façon je pratique le yoga ou la relaxation.

☐ **b** quand je pratique le yoga ou la relaxation.

GRAMMAIRE **4** **Regardez les dessins et imaginez différents moyens de passer un bon week-end. Utilisez le gérondif.**

Exemple :
→ *En faisant la grasse matinée le dimanche.*

1 ....

2 ....

3 ....

4 ....

COMPRENDRE **5** **Trouvez les questions de l'interview.**

1 – .... ?

– Assez souvent, oui. Vous savez, j'habite à Paris alors j'ai souvent envie de changer d'air !

2 – .... ?

– Dans le Calvados ou bien dans le Sud, au soleil, quand j'ai un week-end prolongé.

3 – .... ?

– Ça dépend. L'hôtel, c'est plus confortable. Mais j'aime aussi les campings, l'ambiance y est sympa.

4 – .... ?

– J'aime surtout les activités calmes, comme les randonnées en forêt ou les promenades sur la plage.

GRAMMAIRE   6   **Qu'exprime le gérondif dans les phrases suivantes ? Complétez le tableau.**

1 Je me suis blessée en coupant le pain.

2 En arrivant aux soldes à l'ouverture, j'ai trouvé la robe de mes rêves.

3 J'aime bien lire en écoutant de la musique.

4 En faisant tout à la dernière minute, tu te fatigues inutilement.

5 Tu peux proposer au dentiste de le payer en faisant plusieurs versements.

6 Ne réponds pas au téléphone en conduisant, c'est dangereux !

manière	cause	simultanéité

CONJUGAISON   7   **Mettez les verbes suivants au gérondif.**

1 aller → en ....

2 manger → en ....

3 faire → en ....

4 prolonger → en ....

5 avoir → en ....

6 perdre → en ....

VOCABULAIRE   8   **Vous décidez de partir en camping dans la forêt pour le week-end. Cochez, dans la liste, les objets que vous devez prendre avec vous.**

vaisselle en plastique

robe de soirée

sac de couchage

maillot de bain

tente ✔

dictionnaire

ordinateur

couvertures

vêtements de sport

lampe de poche

LEÇON 24 La fête des voisins

COMPRENDRE

1 Lieux de convivialité

Lisez l'article, puis répondez aux questions.

LE SUCCÈS DES CAFÉS OÙ L'ON DISCUTE

Paris, 18 h 30. Au premier étage d'un café du 11ᵉ arrondissement, un petit groupe de gens s'installe autour des tables. Certaines personnes se connaissent, d'autres non mais tous se disent bonjour chaleureusement. Elles sont de tous âges, de tous milieux : trois femmes élégantes, deux jeunes, des hommes de cinquante ans et quelques retraités… Ce soir, comme chaque semaine, le bistrot est réservé aux participants d'une réunion un peu particulière. Au début, il y a déjà dix ans, personne n'y croyait vraiment. Accueillir des gens dans un café, pour parler de littérature, de politique, de philosophie ou simplement des petits soucis de la vie quotidienne, l'idée semblait tellement bizarre ! Et pourtant, aujourd'hui, ces rendez-vous sont devenus célèbres et de plus en plus de Parisiens participent à ces réunions. Autour d'un verre, chaque personne présente ses idées et écoute celles des autres. Un animateur est choisi parmi tous et c'est lui qui organise la discussion. « À quoi sert la culture ? », « Qu'est-ce qu'éduquer ? », « Comment mieux vivre une période de chômage ? », etc. Tous ces thèmes attirent une clientèle nombreuse. Devant le succès de ces cafés où l'on discute, certains patrons ont eu l'idée de créer d'autres lieux, d'un style un peu différent, mais en gardant la même ambiance de convivialité. Samedi prochain, par exemple, le café *Zanzibar* devrait ouvrir ses portes dans le XXᵉ arrondissement : chacun pourra y parler de ses problèmes en demandant conseil à un médecin. Moins sérieux mais aussi utile, le *Bricolo Café* du BHV vous permet d'apprendre à bricoler. Deux fois par jour, à 12 h 30 et 16 h 00, un vendeur très aimable vient vous montrer comment changer les fenêtres de votre appartement, refaire les peintures, etc. Grâce à ces petits cours, le bricolage n'aura plus de secret pour vous ! Et de semaine en semaine, de café en café, les gens se cherchent et se retrouvent. Le café, lieu de rencontres et de discussion, devient alors un lieu de vie indispensable.

Infos Matin, 27 mars 2003.

---

1 Quel est le thème de cet article ?

_____

2 Quel type de personnes va dans ces cafés ?

_____

3 Ces cafés ont-ils eu du succès dès le départ ? Pourquoi ?

_____

4 Quel est le principe de ces soirées ?

_____

5 De quoi parle-t-on pendant les réunions ?

_____

6 Quelle est la conséquence du succès de tels endroits ?

_____

ÉCRIRE 2 **Opinion**

7 minutes Café

Un nouveau système de rencontres !

Vous rêvez de tomber amoureux ou vous souhaitez rencontrer de nouveaux amis ? Vous espérez, sans savoir où ni comment ? Alors n'attendez plus ! Venez vite prendre un verre au 7 minutes Café et peut-être faire la rencontre de votre vie ! Au 7 minutes Café, des garçons et des filles qui ne se connaissent pas se regroupent. Ils ont sept minutes pour faire connaissance, pas une de plus ! Un excellent moyen pour rencontrer un grand nombre de personnes et ne pas perdre de temps.

Prix : 10 euros + 1 consommation gratuite
12, boulevard de la Chapelle – 75017 Paris
(ouvert du lundi au samedi, de 18 heures à 2 heures)

Observez le document ci-dessus. Que pensez-vous de ce type de cafés ? Existe-t-il des endroits pareils dans votre pays ? D'après vous, cela marche-t-il ? Donnez votre opinion.

_____

_____

_____

_____

_____

ÉCRIRE 3 **Une expérience originale…**

Vous avez lu la publicité ci-dessus et vous avez eu envie d'essayer ce nouveau moyen de rencontres.
Vous êtes donc allé(e) au *7 minutes Café*.
Vous écrivez un e-mail à un(e) ami(e) pour lui raconter cette expérience.

| Supprimer | Indésirable | Répondre | Rép. à tous | Réexpédier | Imprimer |

De : _____

_____

_____

_____

_____

_____

_____

UNITÉ 7

L'air du temps

LEÇON 25 — La télé de demain

COMPRENDRE 1 **Les phrases suivantes expriment-elles une probabilité ou une certitude ?**

	Probabilité	Certitude
1 Internet va probablement continuer de se développer.	☐	☐
2 La télévision restera le loisir principal des Français.	☐	☐
3 Bientôt, on pourra peut-être tout faire avec son téléphone portable.	☐	☐
4 Les gens préféreront conserver plusieurs appareils pour une meilleure qualité d'image et de son.	☐	☐
5 L'ordinateur portable, c'est l'avenir. C'est mieux que le téléphone.	☐	☐
6 De nouveaux instruments apparaîtront peut-être dans un futur proche pour équiper les voitures.	☐	☐

COMPRENDRE 2 **Lisez les paragraphes et les sous-titres ci-dessous, puis retrouvez l'ordre de l'article.**

A Des activités inégalement pratiquées.

B Pour près d'un Français sur deux, Internet est une source d'information importante. 68 % des Français estiment « qu'Internet est une source d'information complémentaire aux journaux car il permet de trouver des informations de nature différente ».

C Le sondage « Les enjeux du quotidien » a réalisé une étude intitulée « Les Français et Internet ». En résumé : pour les Français, Internet facilite la vie de tous les jours. Il est considéré comme une source d'information importante. La consultation des blogs et des e-mails apparaît comme une pratique populaire. Néanmoins, certaines activités sont moins pratiquées que d'autres.

D Aujourd'hui, trois activités sont pratiquées par plus de la moitié des Français. Il s'agit « d'envoyer ou recevoir des e-mails » (55 %), « d'obtenir des informations pratiques » (55 %) et de « surfer pour se distraire » (51 %). Cependant, les Français n'ont pas forcément une pratique régulière d'Internet et certaines activités ne sont pas très pratiquées (acheter des produits et services, télécharger de la musique ou des films, participer à des forums de discussion, jouer en ligne…).

1	....
2	....
3	....
4	....
5	....
6	....
7	....

E Internet : une image globalement positive.

F Une source d'information considérée comme importante et complémentaire des journaux.

G 77 % des Français sont « tout à fait d'accord avec le fait qu'Internet facilite la vie de tous les jours ». 57 % pensent même « qu'aujourd'hui, on ne peut plus se passer d'Internet. »

CONJUGAISON

3 Conjuguez les verbes entre parenthèses au futur simple.

1 Je ne _____ (regarder) pas la télévision plus de deux jours par semaine.

2 Ils ne _____ (passer) plus leurs nuits à jouer sur Internet.

3 Elle _____ (aller) au cinéma au lieu de télécharger des films.

4 Tu _____ (lire) davantage de magazines d'information.

5 Nous _____ (pouvoir) sortir plus souvent avec des amis si nous regardons moins la télévision.

6 Vous _____ (voir) la vie différemment si vous rencontrez plus de gens !

GRAMMAIRE

4 Présent, futur proche, futur simple ? Placez les verbes suivants au bon endroit et conjuguez-les au temps qui convient.

devoir – aller prendre – organiser – acheter – avoir – aller proposer

1 La semaine prochaine, le ministère de la Culture _____ un sondage sur les médias.

2 Les participants _____ jusqu'à vendredi minuit pour répondre aux questions sur le site Internet du ministère.

3 Le sondage _____ des questions portant sur l'avenir des médias.

4 Par exemple, les participants _____ s'exprimer sur les appareils

qu'ils _____ dans l'année à venir.

5 Le ministre a déclaré : « Nous _____ des mesures pour faire baisser les prix des téléviseurs et des ordinateurs ».

VOCABULAIRE

5 Retrouvez les expressions en associant les mots des deux colonnes.

1 activité •   • **a** de grande taille

2 chaînes •   • **b** portable

3 téléphone •   • **c** spécialisées

4 émissions •   • **d** de loisir

5 écrans •   • **e** de jazz

6 concerts •   • **f** de télévision

GRAPHIE/PHONIE

6 Lisez les proverbes et complétez-les avec les mots suivants : *folle, branches, lait, fort, blanches, sœur, rire, seul.*

1 Qui aime l'arbre aime aussi les _____ .

2 Vert Noël, _____ Pâques.

3 Il vaut mieux en _____ qu'en pleurer.

4 Le vieux chat a désir de _____ .

5 L'aigle vole _____ ; ce sont d'autres oiseaux qui vont en groupe.

6 Ouvre-moi, ma _____ , mon amie.

7 Devant l'amour et la mort, il ne sert à rien d'être _____ .

8 _____ est la brebis qui se confesse au loup.

GRAMMAIRE **7** **Remettez les mots dans l'ordre pour former des phrases.**

1 prochaine / médecin / j' / le / semaine / chez / la / irai / .

_____

2 promis / te / , / elle / est / téléphonera / c' / bientôt / .

_____

3 Allen / sur / : / prochainement / Woody / vos / de / film / dernier / le / écrans / .

_____

4 n' / saisons / dans / de / proche / , / nous / avenir / plus / un / aurons / .

_____

5 futur / je / plus / erreurs / dans / refaire / veux / mêmes / ne / les / le / .

_____

6 années / mes / dans / une / maison / ont / d' / les / cousins / acheter / prochaines / prévu / .

_____

COMPRENDRE **8** **Associez les questions et les réponses de ce dialogue.**

1 Regardez-vous beaucoup la télévision ? •

2 Qu'est-ce que vous préférez regarder ? •

3 Vous n'aimez pas les émissions d'information ? •

4 Êtes-vous globalement satisfait des programmes proposés ? •

5 Que proposez-vous alors pour la télévision de demain ? •

6 Que pensez-vous d'une vie sans télévision ? •

• **a** Des émissions qui font rêver les gens, qui font oublier la vie difficile de tous les jours.

• **b** Oui, je passe des heures devant l'écran.

• **c** Pour moi, ce serait la fin du monde.

• **d** J'adore les émissions de télé-réalité et les séries.

• **e** Je les déteste, elles ne racontent que des événements tristes.

• **f** J'espère que, dans un futur proche, il y aura plus de divertissements. Dans l'ensemble, les programmes sont trop sérieux aujourd'hui.

VOCABULAIRE **9** **Entourez les onze verbes cachés dans la grille (horizontalement → et verticalement ↓).**

H	I	C	H	A	N	G	E	R	P	O
A	P	R	E	M	P	L	A	C	E	R
B	R	T	R	E	G	A	R	D	E	R
D	E	V	E	L	O	P	P	E	R	E
E	F	Y	Q	I	X	P	O	M	Z	S
V	E	P	R	O	P	O	S	E	R	T
E	R	D	B	R	I	U	A	L	S	E
N	E	L	P	E	I	V	R	B	V	R
I	R	A	P	R	D	O	S	S	E	T
R	F	I	M	A	G	I	N	E	R	U
C	U	S	P	D	P	R	J	R	V	G

LEÇON 26   Allo ! Tu es où ?

COMPRENDRE   **1**   **Associez les titres des paragraphes et leurs contenus.**

1 Conduire avec un téléphone en main : un comportement interdit.

2 Rester maître de son véhicule : une obligation générale.

3 Au volant, c'est la messagerie qui répond.

4 Consulter ses messages et passer ses appels : à l'arrêt, dans un endroit sûr.

5 SMS, MMS, services multimédia mobiles… jamais au volant !

6 Lorsqu'on est accompagné.

a L'envoi comme la réception de messages textes sur votre téléphone sont évidemment à éviter pendant la conduite. Pour consulter ce genre de messages, ou d'autres services multimédia, on s'arrête dans un endroit où on peut stationner un moment.

b L'obligation générale de rester maître de son véhicule s'applique tout le temps, même si l'utilisation de certains équipements comme les « kits mains libres » n'est pas interdit. En cas d'accident, le conducteur qui téléphone peut être reconnu comme responsable.

c Pour écouter ses messages et appeler, on s'arrête dans un lieu adapté : parking, place de stationnement. Jamais au feu rouge, et jamais sur les bandes d'arrêt d'urgence !

d Conduire avec un téléphone en main peut vous coûter 35 € d'amende et diminuer de deux points votre crédit sur votre permis de conduire.

e À l'occasion d'un voyage en famille, par exemple, le conducteur peut confier son téléphone portable à l'un des passagers pour qu'il réponde à sa place.

f Il existe une solution simple pour ne perdre aucun appel quand on conduit, en toute sécurité : laisser sa messagerie répondre.

1	2	3	4	5	6

VOCABULAIRE   **2**   **Des mots de ce message ont été effacés. Retrouvez-les parmi les mots suivants et replacez-les dans le texte.**

décrocher – alcool – portable – concentration – conducteurs – jugement

L'utilisation du téléphone .... est l'exemple le plus clair de distraction au volant.

Même si la plupart des .... sont conscients des risques liés à l'utilisation du téléphone

portable au volant, la moitié d'entre eux continue de .... tout en conduisant.

De nombreuses expériences démontrent qu'une conversation avec un téléphone à la main entraîne

une augmentation du temps de réaction ainsi que des erreurs de ....

Une récente étude anglaise a montré que l'utilisation du téléphone portable au volant a les mêmes effets

sur la conduite que l'.. : perte de mémoire et manque de ....

COMPRENDRE

3 Remettez l'article dans l'ordre.

a Globalement, l'usage du téléphone en conduisant entraîne, selon le rapport, 7 à 8 % des accidents. L'attention des conducteurs serait diminuée autant par la manipulation de l'appareil que par la perte de concentration en cours de conversation.

b C'est la conclusion d'un rapport de l'Observatoire National. Le document conseille une « modification de la réglementation » visant à interdire totalement l'utilisation des téléphones portables au volant.

c Après examen du rapport, le conseil national de sécurité routière préfère la sensibilisation des conducteurs plutôt que l'interdiction du mobile au volant.

d Les auteurs du rapport soulignent notamment que l'usage du kit mains libres est « presque aussi dangereux que de téléphoner avec son téléphone à l'oreille ». Il représente 3,8 fois plus de risques d'accident, contre 4,9 fois en utilisant l'appareil directement.

1	2	3	4
....	....	....	....

GRAMMAIRE

4 La postériorité dans le temps. Réécrivez ces phrases comme dans l'exemple en utilisant *après* + infinitif passé.

Exemple : Il faut adopter une bonne position de conduite et ensuite démarrer son véhicule.
→ *Ne démarrez votre véhicule qu'**après avoir adopté** une bonne position de conduite.*

1 Il faut utiliser d'abord le rétroviseur et ensuite effectuer une manœuvre.

→ ....

2 Il faut être bien sûr d'avoir une vitesse supérieure à 80 km/h et ensuite se placer sur la file de gauche pour dépasser un véhicule.

→ ....

3 Il faut prévoir des occupations pour les enfants et ensuite partir en voyage.

→ ....

4 En cas d'accident, il faut s'arrêter pour prévenir les secours et ensuite poursuivre votre voyage.

→ ....

5 Il faut s'arrêter sur les aires de repos pour se détendre et ensuite reprendre la route.

→ ....

GRAMMAIRE

5 L'antériorité dans le temps. Réécrivez ces phrases comme dans l'exemple en utilisant *avant de* + infinitif.

Exemple : Il faut adopter une bonne position de conduite et ensuite démarrer son véhicule.
→ *Adoptez une bonne position de conduite **avant de démarrer** votre véhicule.*

1 Il faut utiliser d'abord le rétroviseur et ensuite effectuer une manœuvre.

→ ....

2 Il faut être bien sûr d'avoir une vitesse supérieure à 80 km/h et ensuite se placer sur la file de gauche pour dépasser un véhicule.

→ ....

3 Il faut prévoir des occupations pour les enfants et ensuite partir en voyage.

→ ....

4 En cas d'accident, il faut s'arrêter pour prévenir les secours et ensuite poursuivre votre voyage.

→ ....

5 Il faut s'arrêter sur les aires de repos pour se détendre et ensuite reprendre la route.

→ ....

COMPRENDRE **6** **Ordre, mise en garde, incitation ou conseil ? Trouvez le sens de chaque dessin.**

1 .... 2 .... 3 .... 4 .... 5 .... 6 ....

ÉCRIRE **7** **Imaginez, pour chaque dessin, l'ordre, la mise en garde, l'incitation ou le conseil qui lui correspond.**

1 ....

2 ....

3 ....

4 ....

5 ....

6 ....

VOCABULAIRE **8** **Associez les mots de sens contraire.**

1 sécurité •   • **a** diminuer

2 résultat •   • **b** distrait

3 concentré •   • **c** allumer

4 conséquence •   • **d** cause

5 augmenter •   • **e** danger

6 éteindre •   • **f** début

CONJUGAISON **9** **Transformez les verbes à l'infinitif en participes passés.**

1 Après avoir .... (boire) ton chocolat, tu pourras aller jouer.

2 Il a regardé le journal télévisé après avoir .... (lire) son journal.

3 Après avoir .... (prendre) leur petit-déjeuner, ils sont partis travailler.

4 Nicolas est allé se coucher après s'être (brosser) .... les dents.

5 Après avoir .... (croire) ses clés perdues, il les a finalement retrouvées dans sa poche.

6 Je suis allée au cinéma après avoir .... (voir) mon amie.

27 Situation de crise

COMPRENDRE **1** **Associez les phrases aux titres qui leur correspondent.**

1 Les éditeurs et les pouvoirs publics devraient mener des opérations pour faire connaître la presse quotidienne aux jeunes. •

2 Le gouvernement demande aux éditeurs de garantir le libre accès de leurs quotidiens aux classes de collège. •

3 La commission propose de mettre à disposition de chaque élève de lycée un titre de presse quotidienne de son choix. •

4 La commission souhaite renforcer le système de distribution en permettant aux jeunes d'acheter des quotidiens à l'intérieur des établissements scolaires. •

5 Le gouvernement veut favoriser le développement des journaux en ligne sur Internet. •

6 Une presse nouvelle passe nécessairement par des mesures précises en faveur des journalistes. •

• a | Amélioration du statut des journalistes |

• b | Financement d'un abonnement individuel pour chaque lycéen |

• c | Sensibilisation des jeunes générations à la presse |

• d | Installation de points de vente dans les lycées |

• e | Mise à disposition des quotidiens au collège gratuitement |

• f | Encouragement à la transformation du quotidien papier en quotidien numérique |

COMPRENDRE **2** **Retrouvez l'ordre du dialogue.**

a Bon, bon, je suis sûr qu'à son âge, il est fan de mangas. Alors, prenez-lui *Animeland*, il va adorer.

b Vous êtes difficile, vous, alors ! Bon, je vous propose *L'Étoile*. C'est un magazine multiculturel. On y trouve un peu de tout.

c Bonjour, Monsieur. Je voudrais acheter des magazines pour mon fils, mais je ne connais pas très bien la presse jeunesse.

d C'est une bonne idée, je vais prendre ça.

e Quel âge a-t-il, votre fils ? Et qu'est-ce qu'il aime ?

f L'information… ce n'est pas un peu dur pour commencer ?

g Ah non, les mangas, il en voit assez comme ça à la télé !

h Il a 13 ans. Il aime bien le sport, mais je trouve qu'il regarde trop la télévision et qu'il ne lit pas assez.

i Si vous voulez qu'il s'informe sur l'actualité de façon agréable, vous pouvez lui prendre *L'Actu*.

j Bien ! Mais la prochaine fois, dites-lui de venir choisir lui-même !

1	2	3	4	5	6	7	8	9	10

3 **Pour exprimer la conséquence, transformez les phrases en utilisant si + adjectif + *que* ou *tellement* + adjectif + *que*.**

Exemple : Les jeunes sont passionnés par Internet, donc ils lisent beaucoup moins qu'avant.
→ *Les jeunes sont **si passionnés** par Internet **qu'**ils lisent beaucoup moins qu'avant.*

1 La pollution est trop généralisée, ce qui met la planète en danger.

2 L'économie étant instable, les petits métiers ont tendance à disparaître.

3 Les transports ne sont plus fiables, les usagers sont très en colère.

4 L'accès à Internet est vraiment inégal, donc dans certains pays, les enfants ne peuvent pas en profiter.

5 Certains enfants sont agités à cause du manque de sommeil et leurs résultats scolaires sont moins bons.

4 **Synonymes. Associez les mots qui ont le même sens.**

1 quotidien •   • **a** modifier
2 rapport •   • **b** compétition
3 concurrence •   • **c** journalier
4 magazine •   • **d** revue
5 adapter •   • **e** profession
6 métier •   • **f** analyse

5 **Enthousiaste ou énervé ? Qualifiez chaque comportement.**

1   2   3   4   5   6

6 **Imaginez, pour chaque dessin, ce qui rend le personnage enthousiaste ou énervé. Utilisez des adjectifs tels que *drôle, inadmissible, impossible, formidable, incompréhensible…***

Exemple : *Aujourd'hui, les jeunes ne respectent plus rien. C'est inadmissible !*

1

2

3

4 _____

5 _____

6 _____

GRAMMAIRE 7 **Faites des phrases qui expriment la conséquence comme dans l'exemple en utilisant *tellement de* + nom + *que*.**

Exemple : J'ai beaucoup de travail. Je suis très fatigué.
→ *J'ai **tellement de travail que** je suis très fatigué.*

1 Il est tombé énormément de neige. Les routes sont bloquées.

_____

2 J'ai beaucoup de temps libre. Je m'ennuie.

_____

3 J'ai de nombreux projets. Je ne sais pas par quoi commencer.

_____

4 Je connais trop de gens. Je ne pourrai pas tous les inviter à mon mariage.

_____

5 Je fais beaucoup d'activités sur Internet. Je ne lis presque plus.

_____

6 J'ai pris beaucoup de poids ces derniers temps. Commencer un régime va être très dur.

_____

GRAMMAIRE 8 **Imaginez la fin des phrases en utilisant *donc, alors, c'est pourquoi, c'est pour ça que*.**

1 Il a perdu ses papiers d'identité, _____

2 C'est interdit de fumer dans les lieux publics, _____

3 Nous traversons une crise économique, _____

4 La pauvreté dans le monde augmente chaque jour, _____

5 Je me sens citoyen, _____

VOCABULAIRE 9 **Complétez le texte avec les mots *médias, kiosque, nouvelles, journaux gratuits, Internet, exemplaires*.**

Ce matin, sur le chemin du travail, je me suis arrêté au _____ . D'habitude,

je me contente des _____ que je récupère à l'entrée du métro.

Mais les _____ n'y sont pas toujours de qualité.

Il est vrai qu'avec _____ , j'ai accès à tous les _____ quand

je veux. Cependant, ce matin, j'ai décidé, pour une fois, d'acheter plusieurs _____

de magazines d'information de bonne qualité. Une fois n'est pas coutume !

LEÇON 28 La presse magazine

COMPRENDRE

1 La presse numérique, mode d'emploi

Lisez l'article, puis répondez aux questions.

LA PRESSE NUMÉRIQUE, MODE D'EMPLOI

La presse numérique est une manière plutôt nouvelle de présenter un quotidien, une revue ou un magazine, puisque vos bons vieux journaux sont désormais au format électronique, consultables directement sur l'écran de votre ordinateur grâce à Internet. Cette formule propose des pages (un peu comme dans la version classique) qui « tournent », « défilent » de gauche à droite, grâce à un « clic » de souris, pour une lecture aussi naturelle que possible.

De plus, le lecteur dispose de plusieurs fonctionnalités intéressantes : il peut choisir de voir le texte plus grand ou plus petit, il peut voir l'ensemble de la publication sous la forme d'un schéma pour savoir ce qu'elle contient, il peut marquer une page (comme dans un livre) ou encore utiliser un sommaire interactif (pour arriver directement sur la page de son choix).

◈ Comment ça marche ?

Il existe deux techniques différentes :
– le lecteur peut lire directement la revue en ligne ;
– il peut consulter la revue hors ligne (c'est-à-dire la transférer et la garder sur son ordinateur). Dans ce cas, il doit télécharger un logiciel qui est différent pour chaque revue, magazine ou quotidien. C'est donc un peu plus compliqué.

Donc, le lecteur a le choix entre les kiosques numériques et les sites 100 % numériques. Les kiosques numériques sont ceux qui proposaient déjà des abonnements aux publications classiques par Internet. En fait, ils offrent simplement un nouveau service : pouvoir transférer la publication sur son ordinateur au lieu de l'avoir au format papier. Les sites 100 % numériques constituent, eux, une nouveauté, puisqu'on lit la publication en direct sur l'écran, un peu comme pour un livre électronique.

◈ Cette formule a-t-elle un avenir ?

Le succès futur des publications numériques dépendra surtout de la facilité d'utilisation des sites. Par exemple, l'utilisateur rencontre souvent des difficultés pour arriver jusqu'à la phase du paiement. Sur certains sites, il faut trente à quarante minutes pour acheter une revue !

OPINIONS D'UTILISATEURS

⟱➡ *Julien :* « Je trouve que la version numérique apporte à l'utilisateur une très bonne qualité de lecture. »

⟱➡ *Véronique :* « J'aime la possibilité de découvrir et d'utiliser des nouveautés en ligne. Je peux prendre mon temps pour me décider avant d'acheter, grâce à une version de démonstration, par exemple. »

⟱➡ *Pierre :* « Je ne vois que des avantages à la presse électronique. J'ai trouvé un site qui propose 500 magazines en français ! J'aime beaucoup la fonction « recherche » qui permet de rechercher un article dans toute la presse ! Je suis documentaliste, alors les revues de presse, maintenant, ça va être un exercice très simple ! »

⟱➡ *Françoise :* « Moi, je suis encore un peu réservée. Je trouve que dans la presse électronique, il y a trop de publicité. Et puis je préfère aller au kiosque à journaux, j'aime bien être conseillée dans mes choix. »

1 Associez images et fonctionnalités.

1 • 2 • 3 • 4 • 5 • 6 •

• | • | • | • | • | •

a pages qui tournent | **b** clic de souris | **c** texte plus grand ou plus petit | **d** schéma de la publication | **e** marquer une page | **f** sommaire interactif

2 Vrai ou faux ?

	Vrai	Faux
1 Pour lire une revue électronique, il existe quatre techniques différentes.	☐	☐
2 Les sites 100 % en ligne permettent de lire la publication en direct à l'écran.	☐	☐
3 Les kiosques numériques proposent le même service que les sites 100 % en ligne.	☐	☐
4 Pour lire une revue électronique, il n'y a jamais besoin de télécharger un logiciel.	☐	☐
5 Les kiosques numériques existaient avant les sites 100 % en ligne.	☐	☐
6 L'avenir des publications en ligne dépend de la facilité d'utilisation des sites.	☐	☐
7 Aujourd'hui, il ne faut jamais plus de 30 minutes pour acheter une revue en ligne.	☐	☐

3 Pour chaque personne, cochez l'affirmation exacte.

1 D'après Julien, **a** ☐ la qualité de lecture d'une revue numérique est très bonne.

b ☐ une revue numérique est de moins bonne qualité qu'une revue classique.

2 Selon Véronique, **a** ☐ la découverte de nouveaux produits n'est pas facilitée par Internet.

b ☐ la possibilité d'accéder à des versions de démonstration sur Internet permet de faire son choix en toute tranquillité.

3 Pour Pierre, **a** ☐ en tant que documentaliste, la possibilité de rechercher un article dans l'ensemble de la presse présente un grand avantage.

b ☐ la possibilité d'avoir accès à 500 magazines sur Internet n'est pas un avantage.

4 Du point de vue de Françoise, **a** ☐ la publicité sur Internet n'est pas un problème.

b ☐ la possibilité de se faire conseiller dans un kiosque reste un plaisir.

ÉCRIRE

2 Opinion

Qu'en pensez-vous ? Pour ou contre la presse numérique ? Donnez votre opinion en la justifiant.

....

....

....

....

UNITÉ 8 Bon voyage

LEÇON 29 Ailleurs

GRAMMAIRE 1 Complétez cette page du journal de bord de Laurence en faisant, si nécessaire, l'accord du participe passé.

L'ALCAZAR

Lundi 28 avril

Je continue mon voyage dans ce pays à la culture si chaleureuse. Il y a deux jours, je suis arrivé____ à Séville, où j'ai décidé____ de rester une semaine. La chambre d'hôtel que j'ai loué____ est simple mais confortable. Hier matin, je suis allé____ prendre le petit-déjeuner sur la Plaza de España. Puis je suis monté____ à l'Alcazar, accompagnée d'un guide qui m'a expliqué____ l'histoire de ce lieu tellement beau. Ensuite, il m'a emmené____ visiter les jardins qui sont autour : je les ai trouvé____ absolument magnifiques. Le soir, je me suis promené____ dans le vieux quartier de Santa Cruz. À minuit, je suis rentré____ à l'hôtel, fatiguée mais heureuse de ma journée !

GRAMMAIRE 2 Transformez les phrases suivantes au passé composé, comme dans l'exemple. Faites l'accord du participe passé, si nécessaire.

Exemple : Voyager seul, c'est une expérience que je n'aime pas.
→ *Voyager seul, c'est une expérience que je n'ai pas aimée.*

1 Les vacances qu'il préfère, ce sont celles où il se repose.

....

2 Une de mes collègues de travail prend un congé de six mois pour faire le tour du monde.

....

3 Les photos de mon séjour au Japon, je les montre à tout le monde !

....

4 Quand Léa part à l'autre bout du monde, ses amis lui manquent.

....

5 Les économies que je fais servent à payer le billet d'avion.

....

6 Il parle avec passion des territoires merveilleux qu'il parcourt.

....

COMPRENDRE

3 Cochez les expressions utilisées pour demander son avis à quelqu'un.

☐ **1** Qu'est-ce que vous pensez des voyages organisés ?

☐ **2** Vous avez réservé les vélos ?

☐ **3** Quel est votre avis ?

☐ **4** Vous trouvez que c'est une bonne idée ?

☐ **5** En général, vous partez seul ou accompagné ?

☐ **6** Vous êtes parti en vacances l'année dernière ?

VOCABULAIRE

4 Complétez avec *en effet, en tout cas, en plus, ensuite, en moyenne* et *en général*.

1 Cette année, pour la première fois, elle est partie en vacances en juillet mais _____, elle part au mois d'août.

2 Il parle très bien le chinois : _____, il a vécu à Hong Kong pendant huit ans.

3 Nous irons d'abord trois semaines au Mexique et _____, si nous avons le temps, nous visiterons le Guatemala.

4 Passer ses vacances sur la plage, quel ennui ! _____, c'est très mauvais pour la peau.

5 La France accueille _____ 65 millions de touristes étrangers par an.

6 Je crois que voyager aide à être plus tolérant. _____, moi, ça m'a permis de comprendre beaucoup de choses.

VOCABULAIRE

5 Dans la grille ci-contre, entourez dix adjectifs qui peuvent décrire un voyage (horizontalement → et verticalement ↓).

M	F	A	N	T	A	S	T	I	Q	U	E
A	Z	N	P	T	R	S	O	L	M	N	I
M	F	K	B	A	T	Y	S	D	F	U	T
E	O	M	T	E	A	O	V	E	N	U	L
R	R	Y	D	X	V	R	D	A	O	K	F
V	M	R	G	C	B	I	A	G	C	I	V
E	I	U	E	I	U	G	A	R	S	N	U
I	D	K	N	T	O	I	O	E	Y	S	I
L	A	Z	I	A	M	N	E	A	K	O	W
L	B	E	A	N	B	A	Q	B	Z	L	S
E	L	R	L	T	Z	L	H	L	N	I	D
U	E	A	O	V	T	T	U	E	K	T	A
X	R	S	T	U	I	T	P	L	M	E	I
I	Z	Q	B	E	A	U	A	E	I	O	U
P	M	A	G	N	I	F	I	Q	U	E	C

COMPRENDRE

6 Remettez le dialogue dans l'ordre.

a Vous avez beaucoup voyagé, alors ?

b Y a-t-il un pays que vous ne connaissez pas où vous rêvez d'aller ?

c Aimez-vous partir en voyage ?

d Et où êtes-vous allé ?

e J'adore ça, je le fais dès que j'ai des vacances.

f Ah oui… j'adorerais aller au Boutan…

g Oh oui, je ne dois pas être loin du tour du monde !

h Pour quelles raisons voyagez-vous ? Seulement pour les vacances ?

i En Afrique, en Asie, en Amérique…

j Non, j'ai de la chance, je voyage aussi grâce à mon travail.

1	
2	
3	
4	
5	
6	
7	
8	
9	
10	

COMPRENDRE

7 Associez les phrases avec les objets qui conviennent.

1 Je les ai écrites pendant mon séjour. ....

2 Il les a offertes à sa famille pour Noël. ....

3 Nous les avons ouverts tous ensemble le 25 décembre. ....

4 Je l'ai chantée pour la fête nationale française. ....

5 Quand nous étions petits, nous les avons apprises par cœur. ....

6 Nicolas les a faits tout seul, bravo ! ....

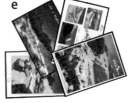

CONJUGAISON

8 Accordez les participes passés.

1 Tous ces livres, il les a _____ (lire) ?

2 Tes lettres ? Oui, elle les a _____ (recevoir).

3 Ils sont _____ (venir) à l'anniversaire de Marie.

4 Tu as vu les photos qu'il a _____ (prendre) pendant ses dernières vacances ?

5 Leurs pères se sont _____ (asseoir) l'un à côté de l'autre pendant la cérémonie.

6 Ses études, il les a _____ (commencer) tout de suite après le baccalauréat.

LEÇON **30** Souvenir de voyage

COMPRENDRE

1 Cochez les expressions utilisées pour demander l'autorisation.

- [ ] **1** Quel âge avez-vous ?
- [ ] **2** Ça vous ennuie si je m'assieds là ?
- [ ] **3** Comment vous appelez-vous ?
- [ ] **4** Ce sac est à vous ?
- [ ] **5** Vous permettez que j'ouvre la fenêtre ?
- [ ] **6** Est-ce que je pourrais prendre une photo ?
- [ ] **7** Redonnez-moi mon livre, s'il vous plaît.
- [ ] **8** Ça vous dérange si je téléphone ?

VOCABULAIRE

2 Trouvez les mots et complétez la grille.

1 Houcine ? C'est un grand _____, il plaît à toutes les femmes !

2 Quand je voyage en train, je m'assieds près de la fenêtre pour profiter du _____ .

3 Sans le savoir, nous avons choisi la même destination pour les vacances. Quelle _____, non ?!

4 Je ne comprends toujours pas l'exercice. J'ai besoin d'une _____ supplémentaire.

5 En ce moment, je lis un _____ d'aventures absolument passionnant !

6 Pour son anniversaire, je lui ai offert un _____ d'un an à son magazine préféré.

COMPRENDRE

3 Retrouvez l'ordre de cette histoire.

a Dans le TGV qui nous emmenait là-bas, je me suis donc rapidement endormi.

b Je les ai cherchés partout, dans le train, puis dans la gare !

c Je trouvais ce voyage très excitant, j'ai donc peu dormi la nuit avant le départ.

d Heureusement, je les ai retrouvés quelques heures après grâce à l'aide d'un gentil monsieur.

e Quand j'avais douze ans, je suis parti skier à Courchevel avec mes parents.

f Mais quand je me suis réveillé, mes parents n'étaient plus dans le compartiment.

1	....
2	....
3	....
4	....
5	....
6	....

GRAMMAIRE

4 Complétez cette annonce parue dans un journal avec :

ai pas osé – portiez – voyais – avez répondu – buviez – étiez – ai demandé – était – lisiez.

Vous .... un café dans le bar du train Paris-Orléans,

vendredi 13 octobre, à 18 h 53. Vous .... un pull rouge et vous ....

un roman. Ce n'............................ pas la première fois que je vous .... Souvenez-vous,

dans ce même train, un autre jour, je vous .... l'heure et vous m'............................

avec un grand sourire. Ce jour-là, je n'............................ vous demander votre prénom car

vous .... accompagnée. J'aimerais vous revoir. Vincent (06 56 78 34 12)

GRAMMAIRE

5 À l'aide des informations suivantes – à mettre dans l'ordre qui vous convient – racontez comment Jean et Lucie ont préparé leur voyage au Brésil. Utilisez des marqueurs chronologiques comme *d'abord, puis, alors, après, plus tard…*

demander des conseils à des professionnels du tourisme – lire de nombreux livres sur la région – louer une voiture à l'avance sur Internet – obtenir des informations sur les lieux intéressants à visiter – réserver une chambre d'hôtel à Rio – apprendre quelques phrases en portugais pour pouvoir communiquer

....

....

....

....

....

GRAMMAIRE

6 Mettez le texte suivant au passé.

Ulrich prend le train pour Montpellier. Il arrive à l'avance pour pouvoir être près d'une fenêtre. Mais quand il entre dans le compartiment, toutes les places près des fenêtres sont occupées, dont une par une valise. Ulrich s'approche de la personne assise à côté de la valise et lui demande si elle peut la déplacer. Alors, la jeune femme s'excuse et explique que la valise est trop lourde pour elle. Ulrich lui propose donc de s'en occuper. Elle le remercie, ils engagent la conversation et font connaissance.

Hier, Ulrich a pris le train pour Montpellier ....

....

....

....

GRAPHIE/PHONIE **7** [e] ou [ɛ] ? **Comment ça s'écrit ?**

1 Je ne vois plus très clair, j'ai besoin de lun............ [ɛt].

2 Le matin, je mange une tartine et je bois un caf............ [e].

3 Je n'arrive pas à retrouv............ [e] mes cl............ [e].

4 Il fait chaud, c'est normal, la fenêtre est ferm............ [e].

5 La gare est pr............ [ɛ] de la mairie.

6 J'............ [ɛ] ouvert le courrier.

7 Elle .... [ɛ] actuellement absente.

8 Aujourd'hui, ce n'est pas possible, m............ [ɛ] demain, pas de problème !

VOCABULAIRE **8** **Barrez l'intrus.**

1 fête – travail – anniversaire – festival

2 course – voyage – croisière – promenade

3 compartiment – train – gare – maison

4 banal – rare – ordinaire – familier

5 Livre – album – dossier – roman

6 hôpital – médecin – bureau – ambulance

COMPRENDRE **9** **Maria a envoyé une carte postale à Julio pour lui raconter le début de ses vacances. Mais certains mots ont été effacés. Retrouvez-les.**

Cher Julio,

Je suis bien arrivée à Montpellier.

En avion, c'est vraiment rapide, j'ai fait le voyage .... moins de deux heures !

.... mon dernier séjour, la ville a un peu changé. Ce matin, ... le petit-déjeuner, j'ai bien étudié mon guide touristique. ...., je vais aller au bord de la mer. ...., je déjeunerai dans un restaurant typique. Et ...., dans l'après-midi, je ferai une petite sieste !

Je sens que je vais passer de bonnes vacances ! Je t'embrasse.

À bientôt,   Maria

Julio Isodori

20 quai Saint-Antoine

69002 Lyon

LEÇON **31** Album photos

GRAMMAIRE 1 **Cochez la réponse correcte.**

1 Il a parlé à ses amis récemment ?
☐ **a** Oui, il lui a parlé.
☐ **b** Oui, il leur a parlé.

2 Tu as trouvé l'adresse de l'hôtel ?
☐ **a** Non, je ne l'ai pas trouvée.
☐ **b** Non, je ne les ai pas trouvés.

3 Est-ce que tu vois Marie ce soir ?
☐ **a** Oui, je te vois ce soir.
☐ **b** Oui, je la vois ce soir.

4 On te retrouve où ?
☐ **a** Retrouvez-moi au Café des Artistes.
☐ **b** Retrouvez-nous au Café des Artistes.

5 Elle vous a téléphoné ?
☐ **a** Non, elle ne nous a pas téléphoné.
☐ **b** Non, elle ne leur a pas téléphoné.

GRAMMAIRE 2 **Transformez les phrases comme dans l'exemple. Utilisez des pronoms.**

Exemple : Remettez <u>vos passeports</u> à l'accueil.
→ *Remettez-les à l'accueil*

1 Demandez <u>le prix de la consommation</u> avant de commander.

....

2 Laissez <u>les clés de la chambre</u> sur la porte.

....

3 Parlez <u>aux commerçants</u> !

....

4 Téléphonez <u>à votre famille</u> !

....

VOCABULAIRE 3 **Associez les mots de sens contraire.**

1 permettre •   • **a** original

2 débarquer •   • **b** interdire

3 énervé(e) •   • **c** calme

4 banal •   • **d** monter à bord

5 perdre •   • **e** trouver

GRAMMAIRE

4 COD ou COI ? Cochez la bonne réponse.

	COD	COI
1 Son patron vient d'accorder <u>à Stéphanie</u> un congé prolongé.	☐	☐
2 Elle a demandé <u>ce congé</u> pour des raisons particulières.	☐	☐
3 Elle a envoyé son C.V. <u>aux associations humanitaires</u>.	☐	☐
4 En effet, elle veut aider <u>les enfants malades</u>.	☐	☐
5 Une association à répondu favorablement <u>à Stéphanie</u>.	☐	☐
6 Elle prépare <u>ses bagages</u>. Le départ est proche !	☐	☐
7 Stéphanie est heureuse. Elle a trouvé un sens <u>à sa vie</u>.	☐	☐
8 Elle espère être utile et partager <u>cette belle expérience</u> avec ses amis à son retour.	☐	☐

GRAMMAIRE

5 Écrivez les phrases en remplaçant les termes soulignés par le pronom COD ou COI qui convient.

1 Son patron vient d'accorder <u>à Stéphanie</u> un congé prolongé.

....

2 Elle a demandé <u>ce congé</u> pour des raisons particulières.

....

3 Elle a envoyé son C.V. <u>aux associations humanitaires</u>.

....

4 En effet, elle veut aider <u>les enfants malades</u>.

....

5 Une association à répondu favorablement <u>à Stéphanie</u>.

....

6 Elle prépare <u>ses bagages</u>. Le départ est proche !

....

7 Stéphanie est heureuse. Elle a trouvé un sens <u>à sa vie</u>.

....

8 Elle espère être utile et partager <u>cette belle expérience</u> avec ses amis à son retour.

....

COMPRENDRE

6 Voici quelques anecdotes sur les comportements des touristes français à l'étranger. Pour chacune d'elles, cochez les affirmations exactes.

1 Dans un train en Angleterre, il y avait 3 ou 4 Français qui discutaient entre eux et qui n'arrêtaient pas de critiquer l'Angleterre et les Anglais. En français, évidemment. Quand un Anglais s'est levé et leur a dit, en français : « Eh bien! Pourquoi allez-vous en Angleterre, alors, puisque vous n'aimez pas les Anglais ? ».

☐ **a** La situation se passe en Angleterre.

☐ **b** Des Français critiquaient les Anglais en parlant anglais.

☐ **c** Un Anglais s'est adressé à eux en français.

☐ **d** Il leur a donné une bonne leçon.

2 Avi, qui a travaillé en tant que steward dans des trains de nuit, pense que la population étudiante, française, européenne ou autre, est beaucoup plus aimable que les personnes plus âgées. Selon lui, les jeunes aiment l'échange et l'ouverture. Et il trouve les Anglais adorables.

☐ **a** Avi a construit son opinion en rencontrant des gens pendant ses vacances.

☐ **b** Il pense que tous les Européens sont aimables.

☐ **c** Il pense que les étudiants sont plus ouverts que les personnes plus âgées.

☐ **d** Il adore les Anglais.

3 Au Maroc, on trouve que les Français font beaucoup de bruit. Pour Malak, « ils se distinguent tout particulièrement par une pollution sonore insupportable sur les terrasses des cafés et des restaurants ». Les Croates sont d'accord avec les Marocains, ils surnomment les Français « les grenouilles ».

☐ **a** Les Marocains et les Croates trouvent que les Français font beaucoup de bruit.

☐ **b** Malak pense que les Français ne font pas beaucoup de bruit sur les terrasses de café.

☐ **c** Pour les Croates, la grenouille est un animal qui fait beaucoup de bruit.

4 José dit : « Vu de Rio, le touriste français est l'un des plus appréciés pour sa courtoisie et sa réserve ».

☐ **a** José pense beaucoup de bien des Français.

☐ **b** La courtoisie et la réserve sont des défauts.

☐ **c** Les habitants de Rio aiment bien les touristes français.

VOCABULAIRE

7 Ce que les touristes adorent faire. Complétez chaque phrase en fonction du dessin.

1 Les touristes adorent ....

2 Les touristes adorent ....

3 Les touristes adorent ....

4 Les touristes adorent ....

COMPRENDRE

8 Associez chaque anecdote avec son sens.

a « Les touristes ont horreur de regarder. L'appareil regarde pour eux. Quand ils ont fait clic-clac, ils sont apaisés, ils ont amorti leur voyage. Les piles de photos qu'ils conservent sont autant de diplômes certifiant qu'ils se sont déplacés. » *(Jean Dutour)*

b « Un touriste se reconnaît au premier coup d'œil. C'est un individu habillé d'une manière telle que s'il se trouvait dans son propre pays, il se retournerait dans la rue en se voyant passer. » *(Philippe Meyer)*

c « Je crois que l'on en apprend plus sur un pays en lisant, et en particulier en lisant ses romans, qu'en le visitant. » *(Anthony Burgess)*

d « Le tourisme est le moyen qui consiste à amener des gens qui seraient mieux chez eux dans des endroits qui seraient mieux sans eux. » *(Philippe Meyer)*

e « L'une des choses que j'apprécie le plus quand je voyage à l'étranger, c'est de penser que je vais retourner en France. » *(P. Daninos)*

1 Quand le touriste français voyage, son pays lui manque.

2 Les vêtements et les comportements du touriste.

3 Les touristes et la photographie.

4 Le tourisme n'est pas la meilleure façon de découvrir un pays.

5 Le tourisme n'est pas une bonne chose pour les pays visités.

1	2	3	4	5
....	....	....	....	....

LEÇON 32 La poésie des villes

COMPRENDRE

1 Supermarchés du voyage ?

1 Lisez les témoignages suivants et dites quel est, d'après vous, le titre de cet article.

☐ **a** Quand vous voyagez, faites-vous vos courses au supermarché ?

☐ **b** Les supermarchés devront-ils, dans le futur, proposer des séjours touristiques ?

☐ **c** Iriez-vous acheter un voyage dans un supermarché ?

*Myriam Declas,
26 ans, journaliste*

« Il me semble plus sûr d'acheter des voyages ou des billets d'avion à des gens dont c'est le métier. C'est vrai que si la personne qui s'occupe des voyages à l'intérieur du supermarché est spécialisée ou si les prix sont très bas, je pourrais peut-être accepter. Mais, en général, je ne fais pas confiance aux vendeurs. Un supermarché, c'est fait pour vendre de la nourriture, rien d'autre. »

*Hugo Tranchant,
21 ans, étudiant*

« Les prix proposés par les supermarchés sont vraiment intéressants et je leur fais confiance parce que je crois que, s'ils veulent attirer la clientèle, il leur est nécessaire de proposer d'aussi bons séjours que les agences de voyages traditionnelles. En tout cas, dans les voyages organisés, les parcours possibles sont les mêmes. En plus, en achetant chez eux, on peut ensuite obtenir des réductions importantes sur d'autres produits du magasin. »

*Andréa Fleichmann,
60 ans, retraitée*

« Je n'irai jamais acheter un voyage chez eux. Ce n'est pas leur métier. Ils veulent faire trop de choses différentes. D'abord les médicaments, maintenant les voyages. Leur seul objectif, c'est de gagner toujours plus d'argent. Les voyages qu'ils vendent sont peut-être très bien mais c'est vraiment une question de principe. Il y a des professionnels du tourisme qui travaillent depuis très longtemps, je ne vois pas pourquoi j'irais voir ailleurs. »

*Raphaël Vincent,
45 ans, écrivain*

« Ce moyen me semble surtout très pratique. Quand on habite à la campagne, où les agences de voyages sont rares, et qu'on fait ses courses au supermarché, on peut acheter son voyage en même temps. Ça rend la vie plus simple. En plus, quand on s'adresse à une agence de voyages, on peut parfois avoir de mauvaises surprises. Mais les supermarchés devraient améliorer la qualité de leur accueil. »

2 Cochez ce que répondent les personnes à la question posée dans le titre.

	Oui, sûrement	Oui, probablement	Non, sans doute	Non, jamais
Myriam	☐	☐	☐	☐
Hugo	☐	☐	☐	☐
Andréa	☐	☐	☐	☐
Raphaël	☐	☐	☐	☐

3 À quelle(s) personne(s) correspondent les arguments suivants ? Cochez les cases.

	Myriam	Hugo	Andréa	Raphaël
Pour				
a Cela coûte moins cher.	☐	☐	☐	☐
b Les séjours proposés sont satisfaisants.	☐	☐	☐	☐
c Ça permet de gagner du temps.	☐	☐	☐	☐
d On visite les mêmes endroits.	☐	☐	☐	☐
Contre				
e Ce n'est pas leur travail.	☐	☐	☐	☐
f Ils ne sont intéressés que par l'argent.	☐	☐	☐	☐
g Ils ne sont pas aimables.	☐	☐	☐	☐

ÉCRIRE

2 À vous ! DELF

Écouter une chanson, c'est une autre façon de voyager.
Que vous inspire cette affirmation ? Êtes-vous du même avis ? Justifiez votre opinion.

ÉCRIRE

3 Récit de voyage

Vous avez enfin réalisé le voyage de vos rêves ! De retour chez vous, vous décidez d'écrire votre expérience et vos souvenirs pour ne pas les oublier. Imaginez le début de votre récit. (Où et combien de temps êtes-vous parti(e), avec quel(s) moyen(s) de transports ? Qu'avez-vous fait là-bas ? Avez-vous vécu des moments merveilleux/difficiles ?…)

Ce voyage, je l'avais imaginé tellement de fois que j'ai du mal à croire que je l'ai réellement fait !

Et pourtant, que de souvenirs maintenant

UNITÉ 9 Vous voulez mon avis ?

LEÇON 33 C'est quoi le bonheur ?

COMPRENDRE

1 **Cochez les expressions qui indiquent une opinion personnelle.**

☐ **1** Selon elle, les femmes sont moins intéressées par l'argent que les hommes.

☐ **2** D'après moi, se battre pour une cause est important.

☐ **3** Pour réussir dans la vie, certains sont prêts à tout.

☐ **4** En ce qui me concerne, ma vie de famille passe avant ma carrière professionnelle.

☐ **5** Avant moi, personne dans la boîte ne parlait de politique.

☐ **6** Pour eux, avoir une passion est indispensable dans la vie.

☐ **7** En ce qui concerne Marie Curie, 38 % des Français pensent qu'elle a réussi dans la vie.

☐ **8** À mon avis, il ne faut pas dépendre de l'argent.

GRAMMAIRE

2 **Cochez la phrase qui permet de rapporter les paroles de la journaliste.**

1 « Quels sont les principes les plus importants pour vous ? »

☐ **a** La journaliste leur demande s'ils ont des principes.

☐ **b** La journaliste précise quels sont les principes les plus importants pour elle.

☐ **c** La journaliste demande quels sont les principes les plus importants pour eux.

2 « Dites-moi quel métier vous intéresserait plus tard. »

☐ **a** Elle leur demande si son métier les intéresserait plus tard.

☐ **b** Elle leur indique quel métier l'intéresserait plus tard.

☐ **c** Elle leur demande de dire quel métier les intéresserait plus tard.

3 « Est-ce que vous avez envie de gagner beaucoup d'argent ? »

☐ **a** Elle leur dit qu'ils ont envie de gagner beaucoup d'argent.

☐ **b** Elle leur demande s'ils ont envie de gagner beaucoup d'argent.

☐ **c** Elle leur demande d'avoir envie de gagner beaucoup d'argent.

4 « Qu'est-ce que vous faites, en général, le week-end ? »

☐ **a** Elle leur demande s'ils sortent, en général, le week-end.

☐ **b** Elle leur demande ce qu'ils font, en général, le week-end.

☐ **c** Elle leur raconte ce qu'elle fait, en général, le week-end.

5 « L'enquête sera publiée dans un magazine. »

☐ **a** Elle leur précise que l'enquête sera publiée dans un magazine.

☐ **b** Elle leur demande si l'enquête sera publiée dans un magazine.

☐ **c** Elle leur dit de publier l'enquête dans un magazine.

GRAMMAIRE **3** **Transformez le texte en un dialogue (au style direct) entre Chloé et Louis.**

Chloé dit à Louis qu'il a l'air bronzé et lui demande s'il est parti en vacances. Il répond qu'il est en effet parti en voyage mais que ce n'était pas vraiment des vacances. Elle demande alors où il est allé. Louis lui dit qu'il a passé trois semaines au Mali avec une association humanitaire. Chloé l'interroge pour savoir ce qu'il a fait là-bas. Il explique qu'il a participé à la construction d'une école. Elle demande s'il a aimé cette expérience et il lui affirme qu'il en garde des souvenirs réellement formidables.

→ *Chloé : Tu as l'air bronzé ! Tu es parti en vacances ?*

Louis : ....

Chloé : ....

Louis : ....

Chloé : ....

Louis : ....

Chloé : ....

Louis : ....

VOCABULAIRE **4** **À l'aide des dessins, trouvez six mots qui représentent certaines valeurs, puis complétez la grille.**

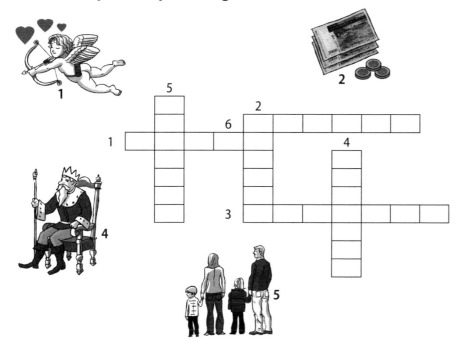

VOCABULAIRE **5** **Associez chaque mot à sa définition.**

1 morale •		• **a** déroulement de la vie professionnelle
2 principe •		• **b** être, objet, image, qui représentent une idée abstraite
3 carrière •		• **c** ensemble des règles qui doivent diriger l'homme
4 environnement •		• **d** représentation théâtrale, cinématographique
5 spectacle •		• **e** règle de conduite
6 symbole •		• **f** milieu où l'on vit

GRAPHIE/PHONIE **6** **Découpez le paragraphe suivant en groupes de mots en mettant une barre verticale après la dernière syllabe de chaque groupe.**

On remarque aussi que les Français citent Zidane parmi les cinq premières personnalités. Normal, il a une famille, il a l'air bien dans sa peau, il a des amis – les Bleus –, il aide les enfants malades, il a fait une carrière professionnelle, il ne dépend pas de l'argent et il a une passion : le foot.

COMPRENDRE **7** **Lisez cette lettre, puis répondez aux questions.**

1 *Dans le monde où nous vivons, la richesse appartient à un petit nombre de pays, dont l'objectif principal est de devenir encore plus riches. Ils ne veulent pas voir les problèmes de la terre et de ses habitants. Je me pose donc une question : le mot « solidarité » a-t-il encore un sens ?*

Je pose cette question parce que je ne comprends pas pourquoi nous laissons mourir des millions de
5 *personnes de maladies qui se guérissent facilement dans les pays occidentaux.*

Je pose cette question parce que beaucoup de personnes disent qu'on ne peut rien faire, que c'est le gouvernement qui décide. Mais si tout le monde se lève pour dire « non » au gouvernement, si le gouvernement voit que tout le monde est solidaire, alors la société sera entendue ! Tout le monde est prêt à dire que tout homme est égal à un autre homme, alors, pourquoi des hommes meurent-ils de
10 *faim ? Pourquoi des hommes sont-ils prisonniers politiques ?*

Je suis jeune et je ne veux pas vieillir dans un monde qui a oublié le sens du mot « solidarité ». Il faut que ça change. Il y a urgence !

1 Les destinataires de la lettre d'opinion sont : ☐ **a** des amis de la personne qui l'a écrite.

☐ **b** les lecteurs d'un magazine ou d'une revue.

2 La personne qui a écrit la lettre est : ☐ **a** un professionnel du secteur de l'humanitaire.

☐ **b** un jeune homme / une jeune femme qui exprime son opinion.

3 Quel titre convient à cette lettre ? ☐ **a** La mondialisation ☐ **b** L'importance de la solidarité

4 Le ton de la lettre est : ☐ **a** timide. ☐ **b** indigné.

5 La structure de la lettre : – introduction : ligne _____ à _____

– développement : ligne _____ à _____

– conclusion : ligne _____ à _____

6 Relevez les trois questions principales que pose l'auteur de cette lettre :

– _____

– _____

– _____

GRAMMAIRE **8** **Jouez à « Jakadi ». Utilisez des verbes comme *donner l'ordre, affirmer, demander, dire, déclarer…***

Exemple : Jacques dit : « Touchez-vous le nez. » → *Jacques nous **demande de** nous toucher le nez.*

1 Jacques dit : « Saute sur place. » _____

2 Jacques dit : « Les chiens peuvent voler. » _____

3 Jacques dit : « Est-ce que les éléphants sont gris ? » _____

4 Jacques dit : « Taisez-vous ! » _____

5 Jacques dit : « C'est la fin du jeu ! » _____

LEÇON 34 — À voté !

1 Entourez les huit mots cachés dans la grille (horizontalement → et verticalement ↓).

Quel est le thème de cette grille ?

_____

F	H	A	P	A	R	T	I	A	B	N	O	P	U	J
A	D	Y	R	B	O	W	C	B	G	E	V	T	L	L
S	E	A	E	L	E	C	T	E	U	R	R	P	A	E
O	M	R	S	B	E	Q	O	U	A	M	L	E	T	G
Q	O	D	I	A	O	A	T	T	U	V	V	L	H	I
M	C	A	D	D	M	I	N	I	S	T	R	E	U	S
F	R	O	E	P	R	H	Y	J	B	N	A	C	E	L
X	A	L	N	Y	F	U	E	A	I	T	V	T	I	A
C	T	U	A	V	I	N	D	P	S	L	I	O	T	
Z	I	N	P	I	H	K	J	L	N	T	A	O	X	I
R	E	G	T	E	V	O	T	E	M	A	C	N	S	V
I	A	J	T	L	E	R	T	U	I	E	C	O	A	E

2 Faites des phrases comme dans l'exemple. Utilisez *ce qui*, *ce que* ou *ce qu'*.

Exemple : Les dernières élections ont mobilisé beaucoup d'électeurs. C'est rare pour des législatives.
→ *Les dernières élections ont mobilisé beaucoup d'électeurs, **ce qui** est rare pour des législatives.*

1 Son mari ne va jamais voter. Elle trouve ça dommage.

....

2 Beaucoup de jeunes se battent pour une cause humanitaire. C'est formidable à notre époque.

....

3 Ce parti politique regroupe des gens de tous âges. Ça nous plaît beaucoup.

....

4 Les électeurs l'ont élu à la majorité. Cela signifie qu'il a maintenant des obligations.

....

5 Ce candidat croit à des valeurs comme la solidarité. J'apprécie cela chez un homme politique.

....

3 Associez les phrases de sens voisin.

1 Beaucoup de Français ont l'impression que voter ne sert à rien.
2 Les dernières élections ont, en effet, mobilisé peu d'électeurs.
3 Parallèlement à ses études de sciences politiques, il est serveur dans un bar.
4 Apparemment, les hommes politiques se préoccupent de l'opinion des citoyens.
5 Les jeunes devraient prendre conscience que voter est un acte important.

a Ils ont l'air de s'intéresser à l'avis des électeurs.
b Ils ont le sentiment que leur vote ne changera rien.
c Effectivement, peu de gens sont allés voter aux dernières élections.
d Il travaille dans un bistrot et va à l'université en même temps.
e Ce serait bien qu'ils comprennent que voter a une grande importance.

1	2	3	4	5

GRAMMAIRE 4 **Opposition et concession. Complétez les phrases suivantes avec *au contraire*, *contrairement à*, *mais* ou *pourtant*.**

1 Il était sûr de gagner les élections _____ personne n'a voté pour lui.

2 Ils habitent en France depuis vingt ans. _____, ils ne peuvent toujours pas voter.

3 Son fils ne s'intéresse pas à la politique. Le mien, _____, souhaiterait en faire son métier.

4 _____ ce qu'il avait affirmé, le candidat ne s'est pas présenté aux dernières élections.

5 Ce parti a beaucoup de succès auprès des jeunes. _____, son programme est très banal.

GRAMMAIRE 5 **À l'aide de *au contraire*, *contrairement à*, *mais* et *pourtant*, faites quatre phrases pour commenter ces dessins.**

CANDIDAT A

CANDIDAT B

Exemple : *Contrairement au candidat A, le candidat B va dans la rue pour rencontrer les citoyens.*

1 _____

2 _____

3 _____

4 _____

COMPRENDRE

6 Droit de vote des citoyens de l'Union européenne. Retrouvez le titre qui correspond à chaque paragraphe.

1 Conditions pour voter – **2** Coût – **3** Déclaration écrite – **4** Principe – **5** Inscription sur les listes électorales – **6** Carte électorale

A Les citoyens de l'Union européenne résidant en France peuvent participer à l'élection des conseillers municipaux et des représentants au Parlement européen dans les mêmes conditions que les électeurs français, sous certaines réserves.

B Les citoyens de l'Union européenne, pour voter en France, doivent :
– s'inscrire sur une liste électorale complémentaire,
– ne pas être privé du droit de vote dans leur pays d'origine, ni en France.

C Les citoyens de l'Union européenne qui souhaitent s'inscrire sur les listes doivent le faire à la mairie de leur domicile sur une liste électorale complémentaire.

D *Élections municipales*
La déclaration précise :
– la nationalité de la personne qui s'inscrit,
– son adresse en France,
– qu'elle n'a pas perdu le droit de vote dans l'État dont elle est citoyenne.

Élections européennes
La déclaration mentionne :
– la nationalité de la personne qui s'inscrit et son adresse en France,
– éventuellement le lieu où elle est inscrite ou a été inscrite en dernier lieu dans son pays d'origine,
– qu'elle n'est pas privée du droit vote dans son pays d'origine,
– qu'elle n'exercera son droit de vote qu'en France.

E Une carte électorale d'un modèle particulier, valable seulement pour les élections municipales et/ou européennes, est délivrée aux personnes inscrites sur les listes électorales.

F Gratuit.

1	2	3	4	5	6

VOCABULAIRE

7 Parmi les mots suivants, lesquels sont en relation avec les élections ? Entourez-les.

listes électorales	cliquer	mairie
commune	divorce	groupe
nationalité	association	banlieue
voter	gouvernement	lycée

GRAPHIE/PHONIE

8 Selon le sens des phrases, mettez la ponctuation qui convient : ! / . / … .

1 Je me demande si je vais aller voter

2 Ah, non, il n'en est pas question

3 Non, ce n'est pas nécessaire

4 La politique, j'ai horreur de ça

5 Ça ne me dérange pas

6 Ce qu'il faut faire pour voter ? Euh, attends, je réfléchis

 **Votre avis nous intéresse**

COMPRENDRE 1 **Les expressions suivantes permettent-elles de dire que l'on est d'accord ou pas d'accord ? Cochez la bonne case.**

	D'accord	Pas d'accord
1 Je suis entièrement d'accord avec vous.	☐	☐
2 Tout à fait !	☐	☐
3 Comment pouvez-vous dire ça !	☐	☐
4 Ce que vous dites est vrai.	☐	☐
5 Mais pas du tout !	☐	☐
6 Mais ça ne va pas, non !	☐	☐
7 Je suis vraiment de votre avis.	☐	☐

COMPRENDRE 2 **Retrouvez l'ordre de ce dialogue.**

a Non, pas encore. Mais en attendant, elle travaille comme bénévole dans une association.

b Comment ? En faisant les courses ou le ménage pour elles ?

c Tu sais si Sandra a retrouvé du travail ?

d C'est une association qui aide les personnes âgées à se sentir moins seules.

e Ah… Merci, mais j'ai beaucoup de travail en ce moment, tu sais…

f Ça oui, alors ! Depuis toute petite, elle ne pense qu'à venir en aide aux autres.

g Et que fait l'association où elle travaille ?

h C'est vrai. Tiens, je pourrais te donner l'adresse de l'association, si tu veux en faire partie ?

i Ah bon ? C'est bien, ça ! Elle, au moins, elle a l'esprit de solidarité.

j Oui, mais pas seulement. Ils organisent également des petites fêtes entre voisins, par exemple.

k Quelle excellente idée ! C'est important de redonner aux gens l'envie de se regrouper.

1	2	3	4	5	6	7	8	9	10	11
c										

GRAMMAIRE 3 **Dites le contraire comme dans l'exemple.**

Exemple : Je crois que ce jeune homme a de très bonnes idées.
→ ≠ *Je ne crois pas que ce jeune homme ait de très bonnes idées.*

1 J'ai l'impression qu'on peut fumer dans ce restaurant.

≠ ....

2 Je crois que l'argent est indispensable dans la vie.

≠ ....

3 Il est certain qu'on revient à des valeurs importantes.

≠ ....

4 Je pense que l'État devrait donner plus de liberté aux patrons.

≠ ....

GRAMMAIRE **4** **Conjuguez les verbes entre parenthèses pour compléter ce message publié sur un forum de discussion.**

| Accueil | Forum | FAQ |

Bonjour,

Je suis père de deux adolescents de treize et quinze ans et je m'inquiète pour eux. En effet, de manière générale, je trouve que le futur _____ (être) assez sombre pour les jeunes. Il est certain qu'aujourd'hui, tous _____ (avoir) la possibilité d'aller à l'université. Pourtant, je ne crois malheureusement pas qu'à l'issue de leurs études, tous _____ (pouvoir) obtenir un emploi. Et ce qui est choquant, c'est que je n'ai pas l'impression que les ministres de la Jeunesse et du Travail _____ (vouloir) vraiment changer cette situation. En tout cas, ce n'est pas une priorité pour eux. Il faudrait par exemple que l'État _____ (proposer) une aide financière aux entreprises qui accueillent de jeunes travailleurs. En ce qui me concerne, j'aimerais que mes enfants _____ (savoir) qu'ils ont une place qui les attend dans notre société. Il est possible que certaines personnes ne _____ (être) pas d'accord avec moi : je souhaiterais donc qu'elles me _____ (donner) leur propre opinion. Merci.

Henri *(Amiens)*

VOCABULAIRE **5** **Retrouvez les expressions en associant les mots des deux colonnes.**

1 un billet •   • **a** de solidarité

2 un pot •   • **b** de discussion

3 une vie •   • **c** de train

4 un esprit •   • **d** de vin

5 un sujet •   • **e** de famille

VOCABULAIRE **6** **Trouvez les mots et complétez la grille.**

Capacité, pouvoir de prendre des décisions par soi-même : dans la vie, il faut savoir prendre ses _____ (1)

Période d'inactivité professionnelle due au manque de travail : _____ (2)

Répartition des heures : _____ (3)

Se dit d'une personne qui a moins d'avantages que les autres : _____ (4)

Situation où les personnes s'aident, se soutiennent : _____ (5)

Organisme qui réunit des personnes dans un but commun : _____ (6)

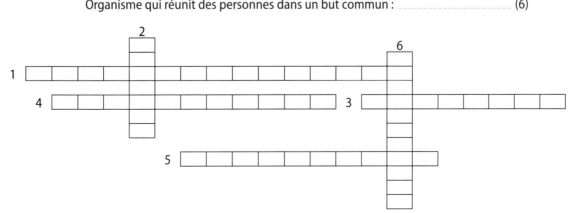

CONJUGAISON 7 **Conjuguez les verbes entre parenthèses au subjonctif.**

1 Il vaudrait mieux que les gens .... (être) plus solidaires.

2 Je ne crois pas que ce collègue .... (faire) bien son travail.

3 Ce serait bien que tu .... (lire) davantage.

4 Il est important que vous .... (comprendre) ce point.

5 Il n'est pas souhaitable que la crise financière .... (avoir) des conséquences sur l'épargne.

6 Il est regrettable que tu ne .... (vouloir) plus parler à ta famille.

GRAPHIE/PHONIE 8 **Doute, souhait, colère ou enthousiasme ? Identifiez chaque comportement.**

1

2

3

4

5

6

7

8

VOCABULAIRE 9 **Imaginez, pour chaque dessin, une expression de doute, de souhait, de colère ou d'enthousiasme.**

1 ....

2 ....

3 ....

4 ....

5 ....

6 ....

7 ....

8 ....

LEÇON 36 Une question de valeurs

ÉCRIRE 1 **Ah… ces jeunes !**

Regardez le dessin ci-dessus et décrivez-le. Quels commentaires vous inspire-t-il ? Donnez votre opinion en utilisant au moins cinq des expressions suivantes.

Selon moi… – À mon avis… – En ce qui me concerne… – Je trouve que… – Je considère que… – J'ai le sentiment que… – Il est certain que… – Ce serait bien que… – Il faudrait que…

....

....

....

....

....

COMPRENDRE 2 **Jeunes bénévoles**

1 Lisez les paragraphes ci-dessous, puis retrouvez l'ordre de l'article.

1	2	3	4	5	6	7	8
d							

Objectif solidarité

a

Au début, ces bénévoles étaient surtout des ados du quartier. Puis leurs copains de lycée les ont rejoints, et les copains des copains… Aujourd'hui, ils sont environ une trentaine. « Notre numéro de téléphone est connu, indique May. Il est dans la majorité des collèges et lycées de la ville. Le plus souvent, ce sont des lycéens qui nous appellent. Certains s'imaginent qu'on va faire leurs devoirs de maths, d'autres nous demandent si on connaît les sujets des prochains examens… »

b

Cet endroit accueille depuis 2001 l'association *Objectif solidarité*. Celle-ci propose un numéro de téléphone gratuit pour les adolescents mal dans leur peau, ceux qui n'ont pas le moral ou qui ont des problèmes familiaux dont ils souhaitent parler. À l'initiative de deux lycéens, May et Thomas, *Objectif solidarité* regroupe des jeunes âgés de quinze à dix-huit ans. May explique qu'elle avait depuis longtemps envie de mobiliser ses amis pour venir en aide aux plus défavorisés.

c

Mais beaucoup appellent pour trouver une réponse à des questions moins insolites. Selon Thomas, il s'agit en priorité d'encourager les jeunes à s'exprimer sur des thèmes comme la famille ou l'amitié. Contrairement à ce que l'on pourrait penser, il n'est pas toujours facile de répondre aux questions.

d

Le téléphone sonne. La réaction de Leila, seize ans, ne se fait pas attendre : « Je prends ! » dit-elle à son amie Valérie, assise à côté d'elle. « Ici *Objectif solidarité*, j'écoute… » Nous sommes au Centre de conseils aux jeunes, situé dans une cité de Saint-Priest, en banlieue de Lyon.

e

Pourtant se battre contre l'indifférence générale n'a pas été facile pour elle. « J'avais l'impression que personne ne comprenait ce que le mot "solidarité" signifiait. Pour moi, c'était au contraire une nécessité d'agir, dit-elle. J'avais besoin de retrouver des valeurs simples mais souvent oubliées. J'ai donc écrit une lettre ouverte dans le journal de ma ville pour essayer de faire bouger les gens et évoluer les mentalités.

f

Mais qu'est-ce qui incite ces ados à passer des heures au téléphone avec des gens qu'ils ne connaissent pas ? Le besoin d'affirmer leur personnalité ? Peut-être, mais avant tout l'envie de se battre pour une cause qu'ils savent utile. Ces jeunes citoyens ont pris conscience qu'aider les autres, c'est finalement participer au bonheur de tous. Qui a dit que l'esprit de solidarité avait disparu chez les jeunes… ?

g

« De temps en temps, on ne sait pas ce qu'il faut dire », explique Leila. « Si la personne appelle plusieurs fois, on finit par savoir ce qui au fond la préoccupe. Mais quand elle ne téléphone qu'une seule fois, on se demande parfois si on a réellement répondu à ses attentes. » Mais Thomas précise qu'après tout, ce qui compte, c'est de discuter avec elle, pour lui permettre de retrouver le moral.

h

Et, apparemment, sa lettre a été convaincante puisque, peu de temps après, Thomas, un jeune du quartier qu'elle ne connaissait pas, lui a proposé de créer une association. Ensemble, ils ont commencé l'aventure ! « Ce qui est génial, précise Thomas, c'est que nous ne dépendons d'aucune aide financière. » En effet, ceux qui répondent au téléphone sont des bénévoles.

2 Vrai ou faux ? Cochez les affirmations exactes.

- [ ] **a** Les jeunes qui travaillent dans cette association ne touchent pas de salaire.
- [ ] **b** May trouve qu'il est facile de mobiliser les citoyens pour une cause.
- [ ] **c** On peut trouver le numéro de téléphone de l'association dans tous les établissements de la ville.
- [ ] **d** Pour Thomas, le plus important, c'est que la personne qui appelle puisse s'exprimer.
- [ ] **e** Objectif solidarité reçoit une aide financière du ministère de la Jeunesse.
- [ ] **f** La lettre que May a écrite dans le journal de la ville a eu des conséquences positives.
- [ ] **g** L'association propose aux lycéens de les aider à faire leurs devoirs.
- [ ] **h** Leila a l'impression qu'il est parfois difficile de venir en aide aux autres jeunes.

ÉCRIRE 3 **Ensemble, réagissons !**

Imaginez la lettre de May publiée dans le journal de Saint-Priest.

Bonjour,

Je m'appelle May et je suis une habitante de Saint-Priest. Je voudrais donner mon point de vue sur les valeurs importantes dans la vie et sur ce qu'agir en citoyen(ne) signifie pour moi.

Tout d'abord, ...

....

COMPRENDRE 4 **Pour ou contre la mondialisation ?**

Dans les réponses de ce sondage, les réponses « pour » et les réponses « contre » ont été mélangées. Identifiez-les et classez-les dans le tableau.

1 La mondialisation est responsable des inégalités croissantes.

2 Aucun pays ne peut connaître le développement sans échanges économiques internationaux.

3 La mondialisation : il n'y a pas d'alternative.

4 À cause de la mondialisation, il y a des gens qui souffrent, sur le plan social et économique.

5 La mondialisation, c'est la fin du service public.

6 Le libre-marché est indispensable.

7 L'économie mondiale est indifférente à ses conséquences humaines et écologiques.

8 La mondialisation favorise le progrès continu de l'humanité.

9 Il est urgent de repenser l'ordre mondial.

10 La coopération internationale doit rester une priorité.

POUR	CONTRE

ÉCRIRE 5 **Pour ou contre la mondialisation ?**

Si vous êtes pour la mondialisation, choisissez les arguments qui correspondent et justifiez votre avis en une phrase. Même chose si vous êtes contre.

POUR / CONTRE

– ....

– ....

– ....

– ....

Évaluations

Écrit 1

Lisez les témoignages, puis répondez aux questions.

POUR ou CONTRE la colocation* ?

J'ai partagé un logement quand j'étais étudiante à Orléans et, vraiment, je ne le conseille à personne. À l'époque, je n'avais pas beaucoup d'argent. C'est pourquoi quand une fille de la fac m'a proposé de chercher un appartement avec elle, je n'ai pas hésité. Ensemble, nous avons trouvé un logement très spacieux et confortable. Mais j'ai vite compris que ça ne marcherait pas longtemps : on était trop différentes. Elle m'attendait toujours pour dîner et elle s'inquiétait beaucoup quand je sortais le soir. J'avais l'impression qu'elle agissait comme ma mère ! C'est le problème avec la colocation : selon moi, il est difficile de rencontrer des gens qui ont les mêmes valeurs que vous et qui respectent votre vie privée.

Pauline H. (Colombes)

Je n'ai jamais partagé mon logement mais il me semble que ce mode de vie présente plus d'avantages que d'inconvénients. Par exemple, je suis certain que cela encourage l'ouverture d'esprit et permet de mieux accepter les différences : pour vivre 24 heures sur 24 avec des gens que vous ne connaissez pas au départ, il est en effet important de savoir s'adapter ! C'est en ce sens que je trouve que la colocation prépare de manière intelligente à la vie de couple. Il est bien sûr possible que certains locataires ne fassent pas souvent les courses ou soient trop bruyants le dimanche matin, mais, d'après moi, ce ne sont que des petits détails. De manière générale, je crois que cette expérience ne peut être que positive pour celui qui la vit.

Samuel L. (Tourcoing)

J'habite un appartement de 65 m² avec un balcon, dans le XIe arrondissement de Paris. Avant, j'y vivais avec mon mari mais, malheureusement, nous avons divorcé. Suite à son départ, j'ai cherché quelqu'un pour partager ce grand appartement avec moi. C'était pour moi la meilleure solution puisque je déteste me retrouver seule en rentrant du bureau le soir. J'ai donc passé une petite annonce et c'est comme ça que j'ai trouvé Marie, une jeune Toulousaine qui venait d'arriver à Paris. Au début, je trouvais cela bizarre d'habiter avec quelqu'un que je ne connaissais pas. Mais peu à peu, une vraie amitié s'est installée entre nous. Aujourd'hui, je n'imagine pas une seconde habiter seule !

Odile R. (Paris)

Face à la crise du logement, trouver un appartement à louer est devenu très difficile. Quand j'ai voulu m'installer à Nice, je ne souhaitais pas spécialement partager un appartement. Mais il se trouve qu'à l'époque, les endroits les plus sympathiques que j'ai visités étaient tous en colocation. J'ai donc décidé de vivre cette nouvelle aventure ! Je partage depuis quelques mois un grand appartement du centre-ville avec trois autres jeunes. Leurs amis viennent presque tous les soirs dîner à la maison. Au début, je trouvais cela amusant mais, maintenant, ça ne me plaît plus trop. Je pense que je vais bientôt chercher un autre logement et j'y habiterai seule cette fois. Partager un appartement est une expérience intéressante, mais qui doit être, à mon avis, de courte durée.

Rachel D. (Nice)

Partager un appartement ? Ah non, ça jamais ! Je suis traducteur et mon logement est mon lieu de travail, donc j'ai besoin de calme. De plus, la sociabilité n'est pas l'une de mes plus grandes qualités. C'est pourquoi habiter avec d'autres locataires serait une vraie catastrophe ! Je serais énervé d'avoir à regarder des émissions débiles à la télé à cause de quelqu'un d'autre ou de voir des chaussettes sales qui ne sont pas les miennes dans le salon ! Certains de mes amis disent que la colocation pimente la vie, je veux bien les croire mais je sais que ce n'est pas pour moi !

Prosper E. (Avignon)

* **colocation** : le fait de louer un logement avec des gens que l'on ne connaît pas ou avec des amis.

1 **Retrouvez les opinions exprimées dans le texte, puis complétez le tableau.**

	Pauline H.	Odile R.	Samuel L.	Rachel D.	Prosper E.
a Tout à fait pour la colocation	☐	☐	☐	☐	☐
b Plus ou moins pour la colocation	☐	☐	☐	☐	☐
c Pas du tout pour la colocation	☐	☐	☐	☐	☐

2 **a Quelles personnes partagent actuellement un appartement ou en ont déjà partagé un ?**

....

b Parmi ces personnes, quelle est celle dont ce style de vie a été motivé par :

– la peur de la solitude ?

....

– des raisons financières ?

....

– le manque de choix ?

....

3 Cochez l'affirmation exacte, puis citez une phrase du texte pour justifier votre réponse.

a Pauline trouve
  ☐ qu'il est important de se préoccuper des activités des autres locataires.
  ☐ qu'on ne doit pas tout partager quand on vit ensemble.

....

b Pour Odile,
  ☐ partager son appartement a été très facile tout de suite.
  ☐ la nouveauté de la situation a été difficile au départ.

....

c D'après Samuel,
  ☐ on apprend à être plus tolérant en vivant avec d'autres personnes.
  ☐ il est indispensable de vivre en colocation avant de se marier.

....

d Rachel
  ☐ est fatiguée qu'il y ait toujours du monde chez elle.
  ☐ aime beaucoup l'ambiance de convivialité du logement qu'elle partage.

....

e Pour Prosper,
  ☐ la colocation serait un moyen de mener une vie très excitante.
  ☐ la colocation serait une corvée.

....

Écrit 2

Aimeriez-vous partager un appartement avec d'autres personnes ? Pourquoi ?
D'après vous, quels en sont les avantages et les inconvénients ?
Vous donnerez votre avis personnel, sur une feuille séparée, dans un texte construit de 120 à 130 mots.

Écrit 1

Avant de développer une nouvelle politique de transports urbains, la ville de Marseille a voulu connaître l'avis de ses citoyens sur l'usage du vélo en ville. Lisez les opinions suivantes, publiées dans le journal de la ville, puis répondez aux questions.

« Que pensez-vous de l'usage du vélo en ville ? »

Marseille devrait prendre exemple sur les villes de Hollande, où il y a beaucoup moins de voitures et plus de place pour les vélos. Selon moi, encourager l'usage du vélo ne présente que des avantages : les habitants seraient moins stressés, ils seraient en meilleure forme et ils pourraient aussi redécouvrir leur ville. C'est de plus l'un des seuls moyens de transport gratuit et non bruyant ! Mais pour inciter la population à circuler en vélo, il me paraît indispensable d'augmenter le nombre de pistes cyclables.

Stéphane

Je pense que les cyclistes ne sont pas à leur place en ville. Ils ont souvent des comportements dangereux et ils empêchent les voitures de circuler facilement. À mon avis, le vélo n'est pas un mode de déplacement urbain. C'est une activité sportive ou de loisirs qui doit être pratiquée le week-end, à la campagne ou en forêt, c'est tout ! D'ailleurs, les pistes cyclables à Marseille sont rarement utilisées : c'est bien la preuve que l'usage du vélo n'intéresse pas grand monde !

Marcia

Il me semble qu'inciter la population à utiliser le vélo est une priorité pour notre qualité de vie. Cela permettrait de réduire la pollution et de redonner aux gens l'envie de se promener. De plus, comme faire du vélo est une activité physique simple et amusante, ce serait également un moyen de lutter contre les kilos en trop !

Nathalie

Certains pensent que le cyclisme urbain, c'est culturel et qu'on ne pourra jamais convaincre les Français de circuler à vélo. C'est un argument idiot et il faut que les mentalités évoluent ! Pourquoi ce mode de transport aurait-il du succès dans les pays d'Europe du Nord mais pas chez nous ? À mon avis, tout est une question de volonté politique. Dans d'autres villes de France, des initiatives ont été prises depuis longtemps : la ville de Marseille devrait s'en inspirer pour agir, et vite !

Mehdi

Je trouve que l'utilisation du vélo est idéale parce qu'on se sent beaucoup plus libre dans ses déplacements. En effet, on peut circuler tranquillement sans se préoccuper des soucis que l'on rencontre en conduisant ou en prenant les transports en commun : on peut partir quand on veut, on a une assez bonne connaissance du temps que l'on va mettre et on peut s'arrêter à proximité de sa destination. Mais il est vrai que c'est aussi un mode de transport dangereux : les automobilistes ne respectent pas toujours les cyclistes et leur indiscipline est à l'origine de trop nombreux accidents.

Didier

1 Cochez la case qui correspond à l'avis de chacun.

	Stéphane	Marcia	Nathalie	Mehdi	Didier
a Pour l'usage du vélo en ville	☐	☐	☐	☐	☐
b Contre l'usage du vélo en ville	☐	☐	☐	☐	☐
c D'un avis modéré	☐	☐	☐	☐	☐

2 À quelle personne correspondent les affirmations suivantes ? Justifiez votre réponse en citant une phrase du texte.

a Les cyclistes ne sont pas en sécurité à cause des automobilistes. →

....

b Circuler en vélo permettrait à ceux qui en ont besoin de perdre du poids. →

....

c L'usage du vélo peut très bien se développer en France. →

....

d Grâce au vélo, on ne dépend de rien ni de personne. →

....

e Il n'y a pas assez d'espaces spécialement aménagés pour les cyclistes en ville. →

....

f Encourager les gens à utiliser le vélo est une condition indispensable pour mieux vivre. →

....

g C'est un mode de déplacement relaxant. →

....

h Circuler en vélo, c'est agir pour l'écologie. →

....

i Peu de gens sont séduits par l'usage du vélo. →

....

j C'est un moyen efficace pour être en bonne santé. →

....

k Les gens devraient renoncer à pratiquer le vélo en ville. →

....

Écrit 2

Après avoir lu les opinions exprimées dans le document de l'écrit 1, dites ce que vous pensez de l'usage du vélo en ville. Vous donnerez votre avis personnel, sur une feuille séparée, dans un texte construit de 120 à 130 mots.

Oral

Sujet 1 : Ne serait-il pas plus simple d'interdire une fois pour toutes la cigarette ?

Sujet 2 : Jusqu'où peut aller le droit de regard des entreprises sur le style vestimentaire de leurs employés ?

Sujet 3 : Quels sont, d'après vous, les avantages et les inconvénients d'Internet ?

Sujet 4 : Quelles mesures concrètes permettraient de réduire la violence à l'école ?

Sujet 5 : Pour ou contre la télé-réalité ?

Achéve d'imprime en Italie par Rotolito Lombarda
Depôt légal : février 2014 - Collection n° 45 - Édition 07
15/5552/3